幼儿园园本课程孵化丛书

不完美小孩

儿童自我成长课程

葛素文 编著

浙江教育出版社·杭州

编写人员

葛素文　金珍珍　孙　宁　翁青青

方水燕　孙小花　陈　熹　姚芳美

步步留痕向优质

　　幼儿园是一个有别于学校的教育机构，幼儿园教师不能满足于教学设计，这是因为幼儿园没有固定的教材，也没有课程标准，只有作为儿童发展蓝图——《3—6儿童学习与发展指南》（以下简称《指南》）。幼儿园要根据《指南》的精神，结合幼儿园的实际、儿童发展的现实、教师的现实和资源的现实，确定适宜的课程目标和内容。因此，幼儿园教师需要关注课程设计，哪怕一开始仅仅是一天的课程，一周的课程，一个月的课程。其实，作为一个教师，对自己所在年龄班的一个学期、一个学年课程能熟练地计划和落实，是现代幼儿园教育对专业化教师的基本要求。这是20世纪80年代以来，幼儿园课程与教学发展的重要内容，也是教师成长的基本历程。正是从这个意义上说，幼儿园教师是专业人员，是需要课程设计、实施和评价的基本意识和能力的，也可以说，幼儿园教师的工作具有特殊性，是不可替代的。我们反对以彰显"特色"为目的的、标新立异的所谓"园本课程"，也反对以出书为目的的"园本课程"建设，但一个幼儿园坚持以《指南》为指导，深入研究儿童，努力挖掘资源，全力为儿童的学习和发展创设适宜的课程是值得倡导的。真正园本的课程就是落实《指南》精神的课程，就是适宜有效的课程，能最大限度促进儿童全面发展的课程。

　　党的十九大提出我国已经进入高质量发展阶段，要建设高质量的教育体系。学前教育在高质量教育体系建设中不能缺席，不能掉队。要提升学前教育质量，有很多工作要做。其中一项非常重要的工作就是要超越课程设计，走向课程建设。课程建设是一项系统工程，需要整体规划，精心设计，协同推进，全员参与。课程设计是课程建设的重要内容，课程设计是贯穿于课程建设的全过程的，课程需要不断实施、不断生发、不断完善。除了课程设计，课程建设还包括课程实施、评价的途径、方法，策略体系的积累和系统化，包括课程资源挖掘、管理和利用的规划和实践，需要开展有针对性的课程审议和教学研究，需要进行课程环境的创设和优化，需要建立和实施不同层次的课程管理制度，以及需要培育良好的课程文化。因此，幼儿园课程建设是幼儿园教育和管理的一项核心工作，它直接影响教育质量，直接影响儿童的学习与发展。

杭州市西湖区学前教育指导中心沈颖洁老师寄来的"幼儿园园本课程孵化丛书"应该就是区域层面上推进幼儿园课程建设的系列化成果，是对幼儿园课程建设过程进行的总结和反思，是老师们集体智慧的凝聚和提升。从丛书的基本架构看，基本确立了课程建设的系统视野，并把宗旨聚焦在总结课程建设的基本经验，反映课程建设过程中老师们的学习和思考，推动幼儿园课程建设不断走向科学和高效。西湖区课程孵化园的成果体现了儿童为本的教育理念，注重大自然和大社会中的教育资源，真正让儿童动用多种感官感受周围的环境，获得多样化的经验，努力把儿童的学习潜能激发出来，让学习更加生动、更加有趣，让幼儿获得更多鲜活和关联的经验。

期待杭州市西湖区不断落实《指南》精神，深入推进课程建设和课程改革，不断涌现更多幼儿园课程建设的先进经验。不断实践，日积月累，理论和实践相结合，推进幼儿园教育质量的新跨越。

虞永平于南京

2021 年 11 月 7 日

在发现中滋养和成长

　　翻阅书稿时，我的内心不断地被感动和惊喜所充盈。感动的是西湖幼教人在近十年时间里孜孜不倦的专业追求和自我成长；惊喜的是课程意识已经如此深植于西湖幼教人心中，字里行间，每一处都能品味到他们的用心、真情和专业精神。

　　在课程改革实践中，西湖区从"发现儿童"，到"发现课程"，他们用专业的眼光去审视教育，智慧地看到儿童、课程与教师三者的关系，并努力让三者彼此联通、互相滋养、共同成长。

　　虞永平教授说过，园本课程是指在幼儿园现实的根基上生长起来的与幼儿园的资源、师资等条件相一致的课程。李季湄教授认为，我国幼儿园课程的权利主体和开发主体都是幼儿园，园本课程是幼儿园按照国家与地方课程的基本精神进行的课程选择、重组与整合而形成的适合幼儿园特点的个性化的课程体系。从某种角度来说，园本课程的存在是幼儿园课程固有的特点。

　　《浙江省教育厅关于全面推进幼儿园课程改革的指导意见》中明确提出应分类建设园本化课程。园本化课程建设分两类：第一类是对经省级及以上教材审查委员会审定通过的教师指导用书和课程资源，根据本园幼儿、教师的实际及资源状况进行园本化改编；第二类是有条件、有积累的幼儿园，可以在明确的课程理念的指引下，借助相关的资源形成真正适宜有效的园本课程。幼儿园课程园本化的这两类实践过程，其实质都是使每一所幼儿园形成相对科学、合理、优质、高效、适合本园情况的课程体系，让课程贴合本园的办园理念和目标，符合本园的条件和资源，适合本园教师的实践能力和水平，最终让课程适宜本园儿童的发展。

西湖区作为《幼儿园教育指导纲要（试行）》国家级实验区，幼儿园的课程改革一直走在全省前列。此次，西湖幼教人以一种温暖、生动的方式编著了这套讲述园本课程建设的母子系列丛书，分为母本1册（《发现课程——基于园本课程建设的孵化行动》），子本系列5册（《美有一百种表达——幼儿园美诉课程》《让儿童更幸福——幼儿园幸福种子课程》《没有屋顶也是教室——幼儿园野趣课程》《小鬼来当家——幼儿园小树林课程》《不完美小孩——幼儿园儿童自我成长课程》）。这是继2018年《发现儿童：旨在儿童观重塑的区域研修新样态》出版后，西湖幼教人在"发现儿童"道路上留下的又一个鲜明的"印迹"。"发现儿童继而发现课程"既是西湖幼教人的主张，也是他们在园本课程建设实践中根植于心的教育观呈现。

本书对于各地开展幼儿园课程建设的借鉴作用是显而易见的，同时，其背后教研支撑区域课改推进的思路和方法也值得我们学习。全域提升幼儿园教育质量，课程建设和课程改革不能仅仅局限于几个样板园，而必须是"一个都不能少"。对于西湖区这样一个有着百余所幼儿园（园区）容量的大区，这显然不是一件容易的事。所以，当时我很好奇沈颖洁老师邀请我看书稿的时候，为什么要用"妈妈书""宝宝书"这两个词，原来除了情感因素外，还隐含了"分批孵化"这样一种区域推进策略。在这个策略之下，沈颖洁老师带领下的教研团队带动全体西湖幼教人，进行着默默的耕耘和不倦的追求。因此在本套丛书中，我们可以看到，呈现精彩内容的幼儿园，有城区的，也有农村的，有省一级园，也有省二级园……这些幼儿园通过课程园本化的实践，让课程实现回归儿童，回归生活，回归自然，回归文化传统，最终让园所的课程适宜自己面对的儿童的发展，让每一所幼儿园的课程走在适宜性提升的道路上。在这个过程中，每个人都是课程的建设者，也都是课程的受益者。西湖幼教团队就这样在课程建设的行进中不断成长。

课程建设是一个不断协同理念、明晰目标和探求方法的过程，西湖幼教团队在园本课程建设领域已经取得了不错的成绩，让我们继续期待他们用智慧去发现，在发现中成长，为每个儿童提供更高质量的教育陪伴。

浙江省教育厅教研室幼教教研员　虞莉莉

2021年8月

前　言 ▲

　　记得早些年，关于课程改革有这样一段描述："这是一次充满挑战和机遇的教育旅程，这是一次基层学校大规模的实践与研究，是梦想、探索、发现、革新。在这之前，一切悄悄萌动；在这之后，一切已慢慢蜕变。"是的，这几年实施园本课程的过程，不正是带着梦想在前行道路上不断探索、发现，慢慢革新的过程吗？

　　身为教育者，我们大抵都知道"要尊重每个儿童个体成长发展"的理念，可是在大班额的现状下，要实施并真正达成"尊重每一个孩子"的理念似乎是一个美好的梦想。但是，梦想一定要有，万一实现了呢？于是，带着那份早已萌动的想法，我们在2015年的时候，构建起了具有自己幼儿园独特气质的园本课程——"不完美小孩"儿童自我成长课程，为的是实现我们心中一直追寻的那个梦想，即更好地做每一个不完美小孩的支持者。

　　"不完美小孩"园本课程的建设，一来是遵从教育的初心和理想，二来也是结合了幼儿园历来的一些教育理念、方式，以及在幼儿园周边特有环境下成长起来的孩子们的特点。综合上述两方面，我们坚定了构建"不完美小孩"儿童自我成长课程的信念，设置了明确的目标和具体的实施路径。

　　课程设置与实施要做到"支持每个孩子的个体成长发展，让他们去认识自己，成为更好的自己"有点难，但正因为心中有这样的萌动和期待，所以在探索的路上我们始终都带着满满的热情。我们意识到要推动每一个孩子的真实成长，让"孩子们认识自己，成为更好的自己"，首先得让身为教育者的我们认识并改变自己，成为更好的教育者！因此，我们开始尝试根据内心的目标，调整自己的教育方式和行为。如果说大班额的人数没法让我们更有效地关注到每个儿童，那么我们就多进行一些小组式的学习。于是，除了已有的个别化自主游戏以外，我们增加了"分组学习"和"小队活动"这样的小组活动。如果说之前的观察记录不够全面和整体，那么我们就多一些观察的策略和思考。于是，就有了以具体的评价载体去保证观察的有效性，在活动中通过观察和评价，发现与梳理孩子们不同的闪光点和所需的推动点，支持每个孩子更整体地认识自己，获得更好的发展。如果说之前的教育模式让我们形成了一种习惯性的教育行为，那我们就去改变它，将"一日活动皆课程"体现在自己的教育行为中。于是，我们就有了弥漫式的关注支持和长程式的持续推动等教育行为。

在不断的探究与实践中，我们在笔头工作上做减法，在思想行动上做加法。孩子的发展是没有终点的，每一次闭环式的推动都将成为孩子不断成长发展的重要助力。我们关注孩子们的那些看似普通的谈话、提出的要求、内心的想法，分析判断孩子们的真实需求，支持他们按照自己的意愿去完成任务或解决问题。孩子们会因为好奇桃树上小小的黄色粉末，联想到会不会是蜗牛吃黄色胡萝卜拉出的黄色便便，进而做实验去验证；他们会因为小金鱼的死亡，联想到小金鱼可以和前不久刚死去的小蝴蝶一起在天堂喝下午茶的美好场景，进行一个充满仪式感的小动物葬礼；他们会因为自己喜爱大恐龙，在开展各种关于恐龙的活动中拥有勇于解决各种问题的决心，最终举办盛大的恐龙创作展……孩子们在每一次不同的闭环式体验中慢慢收获各种美好的经验和情感，有了不断自我认识的机会。而作为教育者的我们，也在这个过程中不断感受到孩子们的那份"认真"，努力解读他们内心的真实需求，做好更多真实的观察，为他们提供更多的支持。

园本课程实施至今，再回首时，我们发现经过长久的探究与实施，课程建设方式真的改变了好多，那是一种追随儿童的探究和改变。我们在这个过程中，不断调整自己的思想站位和教育行为，从以"教师为主体"的教育日常逐渐转变到以"儿童为主体"的教育日常。我们更加尊重孩子们内心最本真的想法，支持他们不断体会感知，不断成长。我们希望每个孩子都能够在自身独有的特质中，发现自己的闪光点，接受自己的不完美；能因为自己的闪光点充满自信，同时也愿意为自己的不完美做出一些努力和改变。虽然都是不完美小孩，但可以让自己变得更好！谁说不是呢！

葛素文

2021 年 6 月

目　录 ▲

第四章　课程中的感想与表达　/ 123

第一章　孜孜追求的政苑人

　　园本课程的建设需要数年教育实践的积累和沉淀。政苑幼儿园的历任园长和教师，秉承闻裕顺幼儿园的办园理念"融入孩子的世界，用爱聆听，用心感悟"，用心实践、钻研，勇于探索、创新，共同建设具有政苑幼儿园气质的儿童自我成长园本课程。

幼儿园十五年的成长

　　杭州市西湖区政苑幼儿园是西湖区直属的公办幼儿园，2006年由属于西湖区第一批杭州市特级幼儿园的闻裕顺幼儿园承办开园。2012年幼儿园发展成熟，独立后更名为西湖区政苑幼儿园，为浙江省一级幼儿园和杭州市特级幼儿园。

　　一个有品质的幼儿园园本课程，我们认为其建设一定具备以下三个条件：一个规范、良好的课程建设基础，包括健全的体制、安全的环境等；一批专业、有爱的教师，有专业能力和实践能力，有爱孩子的心和懂孩子的心；一种务实且不断自我突破的精神。

1. 开启：政苑幼儿园在高起点上成立

政苑幼儿园的家长群体大部分是大学教师和政府公职人员。幼儿园建成交付时被寄予了很高期待。它由属于西湖区第一批杭州市特级幼儿园的闻裕顺幼儿园承办，由资深园长陆秀芳领衔管理。幼儿园秉承闻裕顺幼儿园的办园理念，以儿童为中心，把重心放在研究儿童的游戏上。凭着高水平的管理和优良的师资，得到幼儿家长的认可。

2006年到2012年期间，幼儿园先后成为浙江省一级幼儿园、杭州市特级幼儿园。其间，研究的几个课题为幼儿园的教育研究和发展做了有力的推动。通过浙江省科研成果"开放式自主游戏中幼儿生成性学习的实践研究"，老师们懂得了孩子们是有能力的学习者，他们有很强的自主学习能力，老师也是有能力的教学活动设计者；经过对杭州市科研成果"幼儿园戏剧游戏的开发和实践"的总结，全体老师进一步懂得如何在日常的游戏中倾听孩子们的需要，观察孩子们的兴趣，追随孩子们的游戏，并提供适当的支持，给予孩子们更多丰富的、快乐的游戏体验。政苑幼儿园的老师始终保持一种与时俱进的状态，为幼儿园的课程建设和发展奠定扎实的基础。

2. 转折："发现儿童"研究先导行动组入驻幼儿园

2012年夏天，在西湖区学前教育指导中心组织下，由浙江大学徐琴美教授带领的"发现儿童"研究先导行动组在政苑幼儿园成立。在先导行动组两周一次的活动中，我们认识到以往我们观察孩子总是带着主观色彩，很多时候其实没看明白孩子。我们尝试用"阳性赋意"来看孩子，学习"效果律"的运用等。先导行动组的活动中，最受益的就是作为学习基地的政苑幼儿园。在一次次的学习中，我们的儿童观慢慢发生着变化，教育行为也发生了转变。我们尝试用白描的手法客观地观察儿童，在

客观描述的过程中，认识孩子们真实的一面。这让老师们有一种全新的感受，他们发现原来孩子们的世界是如此丰富多彩，原来每个孩子都是那么独特。老师们明白了，只有看清每一个孩子，才能更好地做他们的支持者。

　　几位老师在学习过程中发表了自己的感受。金老师说："'发现儿童'给了老师深入思考的机会，它让老师变得更真，不过多追求花哨的外在，更多去探寻真实的内在。它也让老师变得更实，不为教学而教学，真正去思考建构儿童的经验，因此，哪怕事情再多、再忙，每周我们都坚持做好审议。因为有了正确的儿童观，所以做事会慢慢主动起来。"翁老师说："尊重孩子的真实情绪，认可孩子的实际需求，学会站在孩子的角度倾听他的表达，让换位思考拉近我们和孩子的距离。"韦老师说："尊重孩子的表达，倾听孩子的心声，陪伴孩子，一起经历、一起发现、一起成长，遇见更美好的世界。""发现儿童"改变了我们，我们懂得了真正的尊重，懂得了什么才是真正理解孩子，懂得了放低姿态和孩子们做朋友。

3.当下："不完美小孩"园本课程形成

　　2015年，在"发现儿童"的基础上，我们梳理了自己的实践经验，构建了具有政苑幼儿园独特气质的园本课程——"不完美小孩"幼儿园儿童自我成长课程，为的是更好地做每一个孩子的支持者，支持每一个孩子更好地发展。

　　我们认识到每个小孩都是独一无二的，每个小孩都是不完美小孩。每一个孩子都因先天遗传或后天成长环境等因素而成为特别的存在；每个孩子都有自己的成长速度和成长表现，在入园前的三年生活中，也已形成了一定的特点，所以我们必须客观地认识到他们的独一无二。当下，每个家庭对孩子的关注和投入都是只增不减，多对一的养育模式、高费用的投入，家长对孩子的高期望越发显著。基于这样的现状，我们需要和家长一起认识到孩子的特别和不完美，从纵向的角度看孩子的成长，不做一刀切的横向比较，更多地陪伴孩子，按照适合他们的节奏，引导他们向最近发展区努力靠近。

我们充分感受到真正的教育是自我教育，真正的成长是自我成长。孩子对世界充满好奇，与生俱来喜欢探索；孩子的内心渴望成长，他们喜欢做更好的自己；他们乐意接受新的信息，不容易受原有思维干扰，这些特点使自我教育成为可能。而孩子们的这些天性和优势，需要成人陪伴他们去发现；他们学习和探究的原动力，需要成人去挖掘和激发。孩子对自己的认识，绝大多数来源于成人的评价，学校老师、家庭成员是支持和帮助他们认识自我的重要成员。成人积极、有益的评价能让孩子们更好地认识自己，了解自己的特别之处。同时，日常良好的生活作息和生活习惯的培养，适宜和有益的游戏的开展，能给予孩子们快乐的、成功的体验，支持孩子根据自己的特点规划自己，做更好的自己。

 ## 孕育"不完美小孩"园本课程

当我们确定了"不完美小孩"儿童自我成长课程的出发点，就明确了园本课程的总目标是"认识自己，做更好的自己"。我们依靠科学的教育原理，梳理现有资源，开展教育教学研究，慢慢形成了相对完整的课程体系。回顾我们的课程建设之路，我们觉得有以下几方面内容值得和同行、家长分享。

● 把握课程方向的"四个机制"。
● 落实课程目标的"三步路径"。
● 体现课程特质的"真实游戏"。
● 呈现课程样态的"理念弥漫"。

● 保持课程行进的"评价反馈"。

● 攻克课程重难点的"兼顾策略"。

1.把握课程方向的"四个机制"

在"不完美小孩"课程的实施中，如何体现我们支持孩子们认识自己，做更好的自己？如何把理念渗透到各项活动中？我们梳理了四大机制，包括内化机制、社会比较机制、自我定性机制和自我形象的系统完整性机制。这四个机制是老师们内化于心，外化于行的。把握住这四个机制，我们的课程实施和教师行为就不会出现偏差。

（1）内化机制

内化机制的核心词是"正面评价和积极评价"。我们希望孩子们有一个积极的自我认知。孩子对自己的看法，在很大程度上取决于周围人对他的评价。孩子的行为表现会跟孩子的自我期待、自我认识一致。要让孩子形成积极的自我认识，必须让孩子感受到积极的评价，因为积极的评价会使孩子形成良好的自我认知。如果孩子长期处于消极的自我评价中，就会降低他的自我期待。

（2）社会比较机制

社会比较机制的核心词是"纵向比较和增值比较"。自我认识是在比较自己和别人的过程中形成的。人都会把自己和别人做比较，孩子也一样。如果是用同一把尺去与他人进行衡量和比较，那就会形成不良的自我认识。因此我们要多元地评价孩子，让孩子们知道人各有所长。当然，除了和他人比较之外，自我比较也是一个重要的方面，这是一种增值比较、纵向比较。比如可以通过纵向比较"现在的我、过去的我和将来的我"，发现自己的进步。

（3）自我定性机制

自我定性机制的核心词是"成功的体验和正确的归因"。什么是自我定性？孩子会对自己的行为做出判断，如果成功了，孩子会肯定自己，会用自己的成就去激励自己。如果总是失败，孩子就会否定自己，这就是自我的定性。怎么判断也就是归因分析，归因很重要。如果归因在运气、事情的难度，或者是时间等外在因素，那对孩子成长的意义就不大。如果归因于努力和能力，那会有积极的意义。当然，更重要的是让孩子体验成功，并为其提供最近发展区的成功机会。如果老是让孩子挑战难度很大的任务，孩子就会自我定性为自己不行。所以需要帮孩子寻找其最近发展区，让孩子获得成功的体验。

（4）自我形象的系统完整性机制

自我形象的系统完整性机制的核心词是"什么都敢试一试"。一个孩子的形象是系统完整的，我们要帮助孩子全方位形成良好的自我认识。我们强调全面发展，强调生活体验的整合，强调系统性、整体性的自我认识。我们要支持孩子勇于尝试。我们认为需要为孩子创设丰富的活动，因为活动越丰富，自我认识就越系统、越完整。当然，当孩子遇到价值冲突时，我们需要提供支持，帮助他构建系统完整的自我。

2.落实课程目标的"三步路径"

每一个幼儿园的园本课程都有其特质，因此会有它特有的实施路径。基于"认识自己，做更好的自己"的课程目标，我们梳理了预设主题活动和生成主题活动两种实施路径。当然，预设和生成是相对的，预设的主题中一定有生成的部分，生成的主题中也一定存在预设的推动。更多的是从比重来区分。

（1）预设的主题实施路径：认识和辨析—体验和探究—挑战和拓展

预设主题，是老师们对孩子、环境等因素进行观察分析后确立的。但正式开启主题的时候，我们还是需要更具体地了解孩子们对这个主题的认识，因此我们实施的第一步是充分了解孩子们对这个主题的已有经验。我们让孩子们充分讨论，把孩子们的已有经验调动起来，和新的发现相链接。比如我们大班临近毕业的主题是"成长快乐"，老师问孩子们什么是成长，孩子们说成长就是长大，成长就是从小孩子变成了大孩子，成长就是

成长和变化一样吗？

大班孩子们近期在谈成长的话题，"成长""变化"两个词高频率地出现。于是我们一起认真地聊了聊成长和变化的关系。

成长和变化不一样

田：成长是学会了什么东西，而变化是变成了什么东西，所以它们不一样。

杰：成长是本领变多了，长高是成长，而变化是什么什么而变得不一样了，这个叫变化。

苏：成长是一个人从小到大，长大了，变高了；而变化是一个东西，原本好的，然后时间变得越来越久，它变老了，变旧了，变坏了。

成长和变化是一样的

蛋蛋：成长，是变高了一点，而变化，也是变高了一点，所以成长跟变化是一样的，都是变高了一点。

远：成长也是一种变化。在成长过程中，学会了一种东西，是一种变化。

从矮个子变成了高个子，成长就是从不会的到现在会了很多……聊着聊着，孩子们发现有两个词频繁出现，一个是成长，一个是变化。老师追问孩子们成长就是变化吗。对于这个问题，孩子们有不同的意见，一种认为成长就是变化，一种认为成长和变化不一样。抓住这个契机，老师组织了一次辩论赛，并给了孩子们几天时间进行准备。大家分成两个组各自做准备。辩论当天，孩子们各有各的理。一部分孩子认为，成长和变化是一样的，成长是变高了一点，而变化也是变高了一点，所以成长和变化是一样的。另一部分孩子认为，成长是从小到大，是长大了，变高了，而变化是一个原本好的东西，经过一段时间，变旧了，变坏了。孩子们在辩论中逐渐了解到，成长和变化有共同之处，成长是一种变化，但是变化不一定是成长。就如一个女孩子所说，她小班是长头发，大班剪短了，但这并不能说她反而变小了。当孩子们对这个主题进行充分的辩论后，他们的认识就更清晰和深入。

预设主题开展的第二步是体验和探究。孩子们的学习方式不是概念的灌输，而是亲身体验。我们结合孩子的年龄特点及学习特点，给孩子更多体验的机会。比如在小班"我的身体多么棒"主题中，为了让孩子感受眼睛、鼻子等五官的作用和重要性，了解我们身体内部的器官，我们开展了很多有趣而生动的游戏。我们用布把眼睛蒙起来玩桌面上的玩具。活动从一开始的安静到越来越吵，一会儿东西找不到了，一会儿玩具打到小朋友身上了，孩子们纷纷把布从眼睛上拿掉，嚷嚷道"看不见不行"。我们还把小手放在身后，体验不用小手来做事。喝牛奶时，一开始几个孩子用嘴巴叼着杯子喝，用头顶杯子移动，可没多久牛奶就倒翻了，饼干掉地上了，孩子们忍不住用小手来做事。为了了解每个人心脏的存在，我们拿来了听诊器。当孩子们用听诊器清晰地听到"怦怦怦"的心跳声，觉得十分有趣。我们还组织孩子们到户外进行体育运动，再回到教室用听诊器听心跳，大家发现心跳更有力、更快了。通过这些活动，孩子们对自己身上的器官有了较为深入的认识，这比我们一起看一些器官的图片，老师们用言语告诉孩子们身体很重要，效果更佳，也更有意义。

预设主题开展的第三步是挑战和拓展。孩子们天生都有探究和挑战的欲望，因此在主题开展中，我们激发他们的挑战欲望，支持他们尝试更多的可能性。比如在成长主题中，我们支持大班的孩子们留下一份特殊的礼物给幼儿园。有班级想做一幅地图留给幼儿园，但是在制作过程中遇到了不少挫折。刚开始，每个人负责画幼儿园的一部分，结果是画面中出现大量重复的建筑。于是，大家决定分工合作创作，

不完美小孩

但又发现比例不对。后来又通过比对幼儿园平面图修改，一次一次地尝试，最后他们终于成功了。另一个班级提出要策划一个属于他们自己的贸易节，因为每年他们都会看到隔壁小学哥哥姐姐组织的贸易节，所以，他们很希望也有这样的活动，而这也成了全年级小朋友的共同愿望。于是大班的孩子们画海报，准备卖的物品，设摊位，叫卖。历经半个月，一个让孩子们兴奋又留了一点小遗憾的贸易节完成了。让他们兴奋的是买到了喜欢的东西，也收获了一些卖物品的技巧，遗憾的是有些货物不太受欢迎。通过自己设定活动内容，安排活动过程，解决遇到的问题，孩子们收获了很多，他们知道了合作的重要性，感受到完成一件事也许需要花很长时间，体会到做很多事情都会遇到困难，需要自己想办法解决，也知道很多事情会留下遗憾。

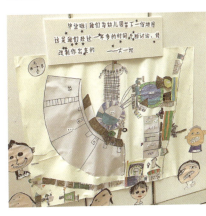

（2）生成的主题实施路径：多角度持续观察—发现闪光点—给予成功的体验

生成的主题活动，具有突发性、随机性，是根据孩子们当时的共同兴趣、共同愿望生成的有意义和具可行性的活动。活动前期需要老师大量观察和分析，活动过程中会出现很多不确定因素，需要老师更密切地关注和参与。

生成的主题活动的开启，基于老师对孩子们进行的多角度的观察。仅是某个人、某个时间点、某个场景发生的个案现象，老师一般给予个别支持，若是绝大部分幼儿关注的有意义的可执行的事件，则会成为生成性主题。比如在小班恐龙主题开启前，老师进行了长达几个月的观察。新生入园前的家访，老师看到大部分家庭都有关于恐龙的书籍；开学一个月内，不少孩子会自带恐龙玩具来幼儿园玩；孩子们会讲述恐龙的话题；老师们在班级阅读区投放了有关恐龙的书籍后，发现很受欢迎。于是，小班下学期就正式开启了恐龙的主题活动。这样生成的主题，是孩子们真正感兴趣的主题，具有持久性，可以不断深入开展。

生成主题开展的第二步是发现闪光点。在生成主题的开展过程中，要善于发现孩子们的闪光点，老师和同伴的正面鼓励是对孩子们最好的支持。比如在中班的恐龙主题中，孩子们想自己做一只能站起来的恐龙。每个孩子在从搜集做恐龙的材料到粘贴组合身体，到装腿部、手部，再到装扮上色的过程中，都有不一样的表现。有的孩子找材料很快，身体是大一些的纸箱，头部是小一点的纸箱，脖子用管子；有的孩子做恐龙的尾巴特别快，用一根树枝就搞定了，很形象；还有的孩子，每次制作恐龙结束后主动把自己小组的游戏材料整理好；有个孩子最迟开始做恐龙，他用了一周多的时间观察同伴的制作过程，当他认为自己可以了，就非常快地找好相关材料，完成了恐龙的基本形状，他的恐龙尾巴上有三块石头，这是因为他的小名叫"石头"，这是一只专属于他的恐龙，孩子们对他的评价是"很有想法"。老师在孩子们制作过程中拍下了他们的表现和作品，在讨论分享的时候发现他们不同的闪光点。

不完美小孩

生成主题开展的第三步是给予成功的体验。成功的体验是很重要的，能最大限度地激励孩子做更好的自己。所以老师会尽力创造各种机会让孩子体验成功，努力做更好的自己。成功不一定是活动的结果，活动开展过程中的点滴成功，都需要及时的鼓励。孩子们的成功体验需要日积月累，所以关注孩子的日常小事，使之经常体验成功的喜悦，对促进孩子的成长有着长期、持续的积极影响。当然，活动的时间跨度越大，过程越曲折，孩子们付出的努力越多，成功的体验也就会越深刻。比如，"许愿树"活动，源于孩子之前有过对树——树皮、树叶、树的年轮、常绿

树和落叶树等的探索。在大班毕业季，孩子们提议设计、制作一棵很大的许愿树，把对伙伴的祝福挂在树上作为纪念。创作的第一个阶段是确定造型，孩子们有些无从下手，经过一番讨论，他们决定仔细观察幼儿园里的树，画出心目中许愿树的雏形，之后商量确定设计稿。第二个阶段是制作树干和树枝。大家认为树要高大，树干要结实，但我们常用的一些纸板太软，用树枝又太细，有个别孩子提议用管子做，希望老师帮忙。于是，老师请师傅用水管按照孩子们的设计做了树干并固定在教室里。但问题又来了，在水管上画树皮很难上色，经过几天的思考和尝试，孩子们考虑先用报纸给水管"穿上衣服"再画。孩子们有的负责粘报纸，有的负责揉报纸，有的负责画树皮的纹路。第三个阶段是装饰环节。有孩子说他看到的许愿树都有藤条，于是老师收集了藤条，大家绕藤条，并用细细的扭扭棒固定；有的说需要更多的叶片才是夏天的树，于是大伙儿做了大量的树叶。最后阶段是挂上许愿卡，孩子们用各种颜色的纸做成许愿卡，写上自己的祝福挂上去。在这个过程中，孩子们自己想办法解决问题，也请老师帮忙解决了一些困难，还根据他人的建议不断调整方案。制作后期，部分孩子给"许愿树"出了一本"自传书"，画下了他们和许愿树的

故事。书中我们看到：佳佳在前期画了很多想象中的许愿树，为大家做许愿树提供了参考；宝宝总是热心地帮助挂许愿卡，还说帮助别人特别开心；树的造型做得很好，大家感谢老师和工人师傅；孩子们说他们都是很棒的，等他们上了小学会更棒。从孩子们的自传书中，我们看到成功带给了他们自信和快乐。

3.体现课程特质的"真实游戏"

孩子们喜欢假想游戏，因为假想游戏给予孩子们无限想象的空间。但是这与我们给予孩子们更多的真实体验并不矛盾。孩子们的学习是以直接经验为主，自我成长是在真实的体验中成长，所以我们幼儿园的课程特质就要讲"真"，就是基于孩子们的真实需求、真实行动和老师的真观察、真支持，助力孩子自我成长。

（1）倾听真需求，基于孩子当下真实兴趣开展活动

当以成人的经验和认识去判断孩子们的认知、能力和情感，预设对孩子们有意义的活动时，我们常常发现，孩子们会有很多他们认为很有趣、很重要的事，以及

他们想知道、了解和探究的需求。比如秋天我们带孩子到橘子树下，一般都会引导孩子们观察橘子树的样子和它结的果实等。可是那一次，孩子们发现其中一棵橘子树的树干有长刺，孩子们议论这些刺时，十分兴奋和激动。对于这个新话题，老师没有当即明确回应，而是认真地倾听孩子们对这件事情的表述。孩子们开始依据自己的经验，脑洞大开，有的说橘子树长刺是为了防刺猬上树，有的说是防蜗牛吃橘子，有的说是橘子树变形了。当问题没有答案的时候，老师问孩子该怎么确定这些猜测是否正确。于是，孩子们有的回家和爸爸妈妈上网搜，有的去图书馆查询，有的说继续观察。当孩子们获知这是橘子树的一个品种时，老师再问他们还见过哪些植物也带刺。新的发现又开始了。孩子们在幼儿园发现月季是带刺的，刺有点粗大，家里的玫瑰花也带刺，刺是小小的。因为这个活动是孩子们感兴趣的，所以孩子们很乐意去探索和学习。因此，我们不一定要把孩子们的一日生活安排得满满当当，

可以给孩子们足够的时间去探究他们的真实需求。我们可以看看孩子们玩的内容和选的材料，问问他们有什么需求，给予孩子们所需要的材料，听听孩子们谈的话题和起的冲突，组织他们讨论，和孩子们聊他们的生活琐事和愿望、想法，支持他们努力实现梦想。

（2）开启真行动，开展孩子们可以真实体验的游戏

孩子的学习是以直接经验为主的学习，所以我们经常需要思考，一个活动中，孩子们有没有通过自己的亲身体验获得更多。如果老师准备好了一切，孩子们只需要一个动作就完事了，那孩子只是活动的演员，而不是体验者。比如在中大班的生活区，我们常常会和孩子们一起搓面团、做汤圆，和面时孩子们能体验到水和面粉的比例怎样更合适，在一次一次的尝试中体验成功。如果仅是老师揉好面团，分给孩子们简单搓一下，就等老师煮汤圆吃，那就失去了让孩子们体验和面的机会。

真实的活动体验是生活经验的积累。在幼儿园，老师们常会提供很多真实的体验活动。在粮食主题中，我们提供给孩子们可以操作的石磨和各种各样的豆子，孩子们很喜欢磨豆子。每天都有不少孩子在磨各种豆，后面还添加了各种米。原本老师设想，磨·阵子后，他们会腻了。可事实是，接下来的一个月，孩子们每天不亦乐乎地磨。当你走近他们的时候，他们会告诉你，他们磨出了红豆做的西瓜豆浆，磨出了黄豆做的牛奶豆浆；两个磨豆浆的磨，大的适合在地上使用，小的适合在桌上使用；磨的时候，站着才更有力，两个人对面站会配合更好；大的豆子开始要轻一点磨，磨碎了，再用力压着磨；豆浆保存的时间非常短，一不小心就发臭；等等。这些都是孩子们在每天的体验中发现的。如果没有足够的时间让孩子们去体验，那是多么可惜。

真实的活动体验是认知经验的积累。比如，在幼儿园的种植箱会出现苗不见长和长得太茂盛这两种现象。这时，我们会引导孩子们一起去发现问题。在春天，每

个班都选择了不同的种子，有一个班种毛豆，但快两个星期过去，其他班种的都发芽了，这个班的毛豆始终没有动静。阳光充足，水分也适宜，那是怎么回事呢？再等了一周后，他们把种子挖出来，发现种子烂了。后来，一位奶奶告诉孩子们，毛豆的品种不同，种植的时间是不一样的。第二次孩子们拿着奶奶准备的种子种下，到了六月底，毛豆长得太迅猛了，整个种植箱里都挤满了茎叶，原来他们在种植的时候担心种子不会发芽，偷偷地撒了很多的种子。在这个过程中，孩子们明白了，不是所有种子都适合在春天播种，每一种植物都有适合它们自己的生长方式。

（3）采取真观察，客观观察，理性分析，走近孩子

孩子们的成长需要成人适宜的支持，支持需要了解孩子，观察是走进孩子内心的第一步，也是必经之路。只有看明白，才能做出合适的支持。目前，幼儿园的班额都较多，为更好地保证对每个孩子的观察分析，我们的观察分有计划的观察和随机观察。在有计划的观察中，老师们会每月准备一张表，根据老师的分析和家长的需求来规划对不同孩子的观察重点和时间。比如家长特别关注自己孩子的吃饭问题，老师会在点心时间和午餐时间有针对性地进行观察和反馈，以更好地促进家园共育；一些孩子近期有些反常的表现，老师会特别注意观察；每月会分重点观察，有时是针对某一领域进行观察，有时是对一日生活的某一环节进行观察。随机观察是老师在日常临时的、突发的观察。

不完美小孩

在观察孩子的表现过程中，我们保持细致、冷静，尽量摆脱主观的臆想。比如刚来园的新生，每天情绪稳定，表现出挺适应幼儿园的生活。可是家长反映，她在家遇到一点小事，会哭两个小时左右。老师发现其实她是存在入园焦虑的，只是在陌生的环境中控制着自己。于是，老师和家长给予孩子更多温暖的拥抱和亲密的陪伴，慢慢地，她在家的情绪也稳定了。如果没有细心发现孩子在家和在园的不同表现，就会忽视孩子真实的情绪。

观察孩子还可以结合孩子的绘画作品。每一幅作品都是孩子内心情感的表达，

我们可以通过他们的作品分析当下他们的内心世界，以更好地提供支持。比如我们观察到一个男孩画画的时候，看到旁边小朋友就说："你画什么？我跟你画一样的吧。"因此他的作品和旁边的小朋友的作品有明显的相似之处。他说他画的是一个山洞，最中间是一只怪兽，但是我们看不清它。老师指着画面中的圈圈问："这是怪

兽吗？"他回答："不是的，怪兽还在更里面，我们看不清它。"小朋友在画中表现出对危险的认知和对危险的退避。我们继续观察他，发现他对他人的评价和关注十分敏感。老师提问的时候他举起手，如果老师没有请他回答，他就假装伸了一个懒腰。他对别人的情绪也很敏感，其他小朋友玩从高处往下跳，老师说要小心一点，他虽然也很想上去，但犹豫不决。老师说："你牵着我的手，小心一点就没事。"他就十分开心地上去了。事后，老师对他说"你真棒"的时候，他笑得特别开心。因此我们提出，大人要特别注意小朋友的情绪体验，及时对他的行为给予反馈，同时对他各种行为的反馈以鼓励、肯定为主，鼓励他尝试，包容他的失败。对他的探索行为应予以鼓励、引导和支持，可以设置一些通道，激发孩子的冒险精神。

（4）落实真支持，陪伴孩子们一起学习和游戏

支持孩子不仅仅是在内心对他认可，更要用实际行动来陪伴孩子，陪伴不是说教，而是一起学习和游戏。当然，要做到高效的陪伴不是件容易的事，我们要在安全的前提下，适当地放手。对不同年段的孩子，我们的陪伴有不同的侧重。小班的孩子们特别需要老师主动陪伴。比如晨间来园时，老师和他们一起挂好书包，选择自己喜欢的游戏材料，一起喝水，一起用正确的方法洗手，通过言传身教，让孩子们和老师一样有序地做事。中大班的孩子们，需要老师提供合作式的陪伴，让孩子们能有更多自主的空间。当孩子们遇到疑惑或难题时，老师适时地和他们从不同角度思考问题，找到解决的好办法；当孩子们获得成功的时候，老师和他们一起分享成果。比如大班的孩子们养蜗牛，某天一个孩子说蜗牛拉肚子了，因为它拉了绿色的大便，也有的孩子说蜗牛本来就是拉绿色大便的，老师建议孩子们再观察几天。几天后，孩子们发现蜗牛拉的大便颜色不一样，他们开始猜测，会不会是和吃青菜

小鱼儿：喜欢妈妈陪我养小动物。

纽纽：我不喜欢爸爸妈妈两个人生气的时候陪我玩。

还是胡萝卜有关。老师建议通过实验来验证大家的猜测。听说要做实验，孩子们很兴奋，但是马上又安静了，怎么做实验呢？老师让每个人说自己的实验想法和理由。有的说："我们这几天让蜗牛都吃青菜，看看是不是都拉绿色的大便，过几天都吃胡萝卜，看看是不是都拉黄色的大便。"有的说："我们再放一个红色的番茄，看看是不是拉红色的大便。"也有的说："万一蜗牛都吃，那不是分不清了吗？"当孩子们进行充分的表达和质疑后，就呈现出了比较理想的结果。最后大家决定分开养几只蜗牛，分别喂不同颜色的食物，过段时间，就可以知道蜗牛是不是吃什么颜色的食物拉什么颜色的大便了。老师在必要的时候给孩子们提供建议，这样的陪伴很适合中大班的孩子。

对于家人的陪伴，我们也希望能做得好一些。我们幼儿园为了引导爸爸妈妈们更重视陪伴孩子，让孩子们做过调查问卷，问题是"什么时候和爸爸妈妈一起最开心"和"我最不喜欢的爸爸妈妈的陪伴方式"。孩子们用画图的方式表达，老师们在图下方记录下他们的语言。我们看到这些表达："我喜欢妈妈每天陪我讲故事、睡觉；我喜欢爸爸带我去运动；我喜欢爸爸妈妈和我一起去超市。我好久没看到我爸爸了，他很忙；我最不喜欢爸爸一边玩手机，一边和我下棋；我不喜欢妈妈每天早上催我吃得快；我最不喜欢妈妈陪我弹钢琴，不停地骂我；等等。"每一幅作品都是孩子们真实的表达，当我们把这些图给爸爸妈妈们看的时候，爸爸妈妈们深深地感受到自己需要给予孩子们更多的陪伴。有一位爸爸看了自己孩子的绘画回复老师："我真的应该放下手机，和孩子在一起，我们大人做得很不好。"

4. 呈现课程样态的"理念弥漫"

弥漫是指充盈，弥漫也指连绵不断，课程理念弥漫指课程理念在幼儿园的角角落落都会被发现，在孩子们每天生活的各个环节中呈现，课程理念深入每个人的内心。自我成长课程理念弥漫就是形成浓厚的自我成长氛围，就是长期支持孩子们认识自己，做更好的自己的过程。因此，我们从环境中营造氛围，让孩子们感受到自己很棒；从一日活动中支持孩子们的想法和规划，让孩子们勇于尝试；让孩子发现身边的美好，积极做更好的自己。

（1）环境中各种作品和表达，让孩子们感受到"我们是很棒的"

不完美小孩的作品和表达，呈现在我们幼儿园的每一处。春天走进幼儿园，我们会看到每个班有各种各样的对春的表达，户外的大树上有孩子们贴的成长记号，班级里有孩子们的新年计划；夏日里，会看到大班孩子忙着准备毕业典礼、各种手工制作的道具、画展等；秋天里，有很多艺术品如树叶做的项链、坚果的造型等；冬季，有用冰块做的冰花，有迎新年彩灯。我们可以从丰富的作品中，寻觅到孩子们有趣的活动。一个九宫格植物箱上插着一块写着"我们在做蘑菇的实验，请小心哦"的提示牌，我们可以想象孩子们在这里种植和观察、记录的样子；一个挂满爱心形心愿的心愿屋，爱心上画着"打针不用怕"，一定是有孩子在这里扮演白衣天使；一把孩子们自制的伞，标识是"四季的伞"，就

能知道这把伞随着四季的变化会有不同的样子；一件做了一半的礼服挂在立体衣架上，边上还有很多自制礼服的成品照片，展现了孩子们的动手能力。我们重视不完美小孩的作品，老师们会尽力给每一件作品提供展现的地方，并且会把孩子们的表达记录上去。对于创作了一半的作品，老师会非常用心地做一块提示板，表示孩子们还在进行创作，请注意保护。每个孩子都有自己表达的方式，老师不会因为谁的作品看上去不那么完美而将它隐藏起来，因为，他们都是很棒的。

（2）一日生活由孩子们自己规划，支持他们"什么都敢于试一试"

除了尊重孩子们的作品，我们更尊重孩子们的观点和想法。幼儿园有不少的导图，导图中有孩子们各自不同的观点和思考。幼儿园各班都有自己的作息时间，并没有规定大家早上一定要在一起做操，孩子们可以自己决定一日生活。幼儿园还有一些看上去不那么完美的设置，这是为了展现孩子们把现实中的幼儿园改造成理想中的幼儿园的过程。

班级中的很多导图都是在孩子们计划、讨论、分析的过程中留下的。比如小班有"勇敢和害怕"的对比图，有"我很棒"的发散状导图；中班有各种流程图，比如做船的四个步骤的流程图，"新年"主题的四个阶段的流程图（什么年、新年游戏大收集、打通游戏、舞狮子）；大班的导图更多，"一棵树的改造"规划、一张地图的制作流程、一张"我要上小学"的自制绘本安排表。每一个活动基本都会有孩子们思考和行动过程中留下的图和简单的文字。

在中大班，常常会看到很多作息图。从形状看，有罗盘状的，有书本状的，有便签夹状的；从内容看，有的是中午自主时间的安排，有的是主题活动的安排，有的是值日生的安排。孩子们有自己安排一日生活的积极性，老师把好安全关与健康关，让孩子们规划自己的生活。在中一班，我们看到一张午餐后的自由活动内容安排表。原来他们班搬到一楼后，离操场一步之遥，特别希望有更多时间去操场玩，因此进行了一系列的讨论和规划。第一次讨论时，孩子们可兴奋了，纷纷提出玩滑滑梯、拍球、玩沙玩水、跑步、下棋、搭帐篷等，可是质疑声也不少，比如吃饭后不能剧烈运动，人太多不安全，等等。第二次讨论时，老师拿出一张空白的纸，请小朋友自己讨论并记录，左边列出午餐后合适的活动，右边列出午餐后不合适的活动。孩子们有的说，午餐后最好是晒晒太阳，拍球不合适；有的说，可以搭帐篷玩娃娃家游戏，滑滑梯不合适。最后列出大家满意的七八种游戏。到了第三次讨论，大家决定用罗盘表每天安排两个游戏。

在我们幼儿园还有一些不那么完美的设置，甚至可以说有点简陋，这是孩子们在设计理想幼儿园过程中的作品。在"我喜欢的幼儿园"主题活动中，我们通过调查，发现孩子们都喜欢隐蔽的小洞洞、小屋子。于是我们就一起设置了一些小屋子，比如楼梯口的简易小屋子，每天都有小朋友在这里坐一会儿，玩一会儿。在操场边的草地上有一个坑，这原本放置的是一个小型的滑滑梯，因为破旧而搬走了，当我们讨论这个场地如何安排的时候，大班孩子们有一个大胆的设想，要在这里造一个水池。这没什么不可以啊，于是孩子们开始动手挖水池。设想总是比较简单，事实却非常复杂，正是在这复杂的过程中，孩子们有了很多新奇的发现。他们发现植物活着的根是粉红色的，地下有非常多造型不一的石头……他们把这些"宝藏"设计成了"博物馆"，至今水池的建设还在继续。幼儿园是孩子们的幼儿园，他们是幼儿

园真正的主人，在安全和可行的前提下，孩子们可以有自己的设想和行动。放手让孩子们去做，孩子们就会"什么都敢试一试"。

（3）在生活小事中发现身边的美好，每人都积极做"更好的自己"

我们的生活由各种小事积累而成，孩子们就是在这些小事中成长。在生活小事中和孩子们去发现身边的美好，身边人的闪光点，我们就会有做更好的自己的内心动力。正能量是会传递的，爱的情感也是会传递的，生活中大人和孩子们保持一种平等对话的关系，成为学习和游戏的伙伴，相互欣赏，大家都会成为更好的自己。

在种植地开垦活动的开始阶段，因为都是泥地，孩子们每天的雨鞋都会沾上很厚的泥巴，可是他们却从未想过为什么前一天脏脏的雨鞋，第二天又变回一双干净的雨鞋。直到有一天，一个午睡起床上厕所的孩子发现，原来是保育老师在小朋友们午睡的时间里，用水把他们的雨鞋一双一双刷干净。他恍然大悟，并把这个现象告诉了大家。大家纷纷表示："保育老师太辛苦了，我们得想办法，减轻她的辛苦。"于是他们开始商量，有的孩子说，"我们自己洗"，有的孩子说，"我们踩的时候轻一点，少沾一点泥巴到鞋子上"。最后大家认为有两种方法，一种是不穿雨鞋，用鞋套，方便保育老师清洗；另一种是自己先洗一下，再让阿姨处理干净。在这个过程中，保育老师从未想过孩子们会如此关心她，她觉得都是自己应该做的，孩子们说："我们可以不让老师这么累。"这让保育老师非常感动。她也更加爱孩子们了。从那以后，孩子们更加关心保育老师的劳动，帮忙分点心、洗餐盘，他们会把饭吃得更干净，会更好地保持班级的卫生，积极争做值日生。这就是美好和爱的传递，是人与人之间相互影响的结果，它让每个人都会发现他人的好，做更好的自己。

5. 保持课程行进的"评价反馈"

让课程行进得更好，需要做好评价和反馈。我们的评价反馈是伴随活动生成的。在日常活动中，老师现场及时的回应就是很好的反馈评价。当然，在活动开展

不完美小孩

到一定阶段后，大家在一起相互研讨，这也是很重要的评价。评价和活动相伴，可以解决活动中的问题，可以推动活动深入开展。

（1）活动现场的及时评价反馈，给予孩子最有力的支持

正面和积极的及时评价反馈能给予孩子最直接的支持。这种评价不是空洞地和孩子说"你很棒"，也有可能是适当的反问和质疑。评价反馈可以用表情，可以用语言，可以用行动。在不同的场合，可以用不同的方式给予孩子评价支持。

及时评价反馈的方式是多样的，有时是一个充满正能量的面部表情。早晨，老师以亲切的微笑迎接孩子们的到来，这是对孩子按时入园的赞许，让孩子们感受到放松和愉悦；孩子们遇到小困难的时候，老师以信任的眼神给予鼓励，让孩子们再努力试试。有时是一句疑问或引导的话语。当讨论"每个人不一样"话题时，老师提问："双胞胎一样吗？"孩子们积极进行更深入和细致的观察。当孩子们发现国庆节后原来在树墩边上长得好好的蘑菇，突然不见了时，老师说："那会有哪几种可能性呢？"这一问，孩子们的思维就活跃起来了。孩子们讨论着，是食堂阿姨炒菜用了，是维修师傅不小心铲掉了，还是被虫子吃了？为弄清自己的猜想是否正确，大家行动了起来。

对于不同性格的孩子们，我们的评价反馈方法是不一样的。有些孩子比较外向，可以进行直接的、外显的公开评价激励；有些孩子心思比较细腻，需要更多地做单独的支持评价。比如大班的一个男孩子特别喜欢科学探究，也会向大家表达自己的发现，展示自己的作品。因此，老师常常在自主游戏后，让他在集体面前进行展示。他有时展示石灰粉可以画画，有时分享借助漏斗造型的工具会更快速地让粉状物体装到小口的瓶子中。展示过程中，小伙伴会给予评价，有赞许，也有提问质疑。这样的公开评价方式不断激励他探究。而对于内向的孩子，我们要有耐心，

要提供一些隐性反馈支持，可以是亲密的动作，可以是仅仅两人之间的陪伴。有个女孩子平时话不多，自主游戏时间几乎都在阅读区，老师隔几天会和她坐在一起看书。女孩子画画很不错，老师告诉她："你画得很好，很有想法。"老师建议她可以将自己喜欢的东西画下来，后来，老师帮她做了一本画册。女孩子的笑容多了很多，相信她的内心是喜悦的。

（2）生活中多维度的评价，让每个人、每件事都可以更好

从多个角度来看一件事情，会看到更丰富的内容。我们常常会在游戏后一起分析：这件事是怎么完成的？我们分别做了什么？我们遇到了什么困难？如何解决的？在讨论的过程中，我们发现每个人在这件事中有各自承担的工作，有自己的擅长之处。比如在中班造"友谊船"的活动中，孩子们自主分工。生活经验丰富的孩子主动去找不漏水的材料，喜欢建构的孩子主动搭建船的架子，跑得快的孩子负责拿材料，胆子大的孩子去隔壁班借材料。活动后，老师和孩子们一起回顾游戏。在回忆和分享中，我们认识到，每个人在这个活动中有不同的作用，大家合力才能完成作品。同样，通过多角度的分析评价，孩子们慢慢体会到，每个人把不同观点呈现出来，可以把事情做得更好。比如大家评价这个月建构角的作品，有的孩子说从结构上看这边多那边少，不平衡；有的认为材料用得不够充分；有的认为有高低错落，很不错；也有的认为几个建筑的关联不够。讨论完，我们把这些观点和评价呈现在孩子们随时都可以看到的墙面上。在下一个阶段，孩子们会调整存在的问题。

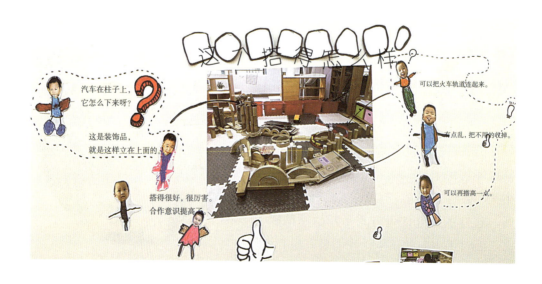

多个角度来评价我们的孩子，让孩子们更客观地认识自己，并把事情做得更好。多角度评价包括两个方面，一个是评价主体的多元，可以是老师、同伴，也可以是家长；另一个是评价内容的多方面，可以评价孩子的生活习惯，也可以评价孩子的情感态度，等等。比如，在主题"挑战自我"中，大家要收集不同的人对自己的评价。老师在评价时更多地看到孩子们的闪光点。孩子们的互评是非常具体和情景化的，比如说话声音有点大，每天照顾自然角很认真，睡觉的时候衣服叠得很整齐，洗手肥皂用得有点多，等等。爸爸妈妈的评价会多一些期望，

比如早上起床再早一点，对周围的人很热心，对自己更有信心，有优点不沾沾自喜，有缺点欣然接受并改正，等等。这个主题进行中，孩子们都制定了自己的挑战目标，呈现在墙上分享。我们看到有的孩子的目标是要成为一个科学家，有的孩子的目标是要变得非常勇敢，有的要天天早到幼儿园，有的坚持每天练体操，等等。最后大家商量每人设计一本挑战书，第一页做一个独一无二的封面，第二页画上自己的挑战目标，第三页记录过去已经做到的相关事情，第四页是现在的小目标，第五页后开始记录每天的具体表现。这些本子挂在班级进门的地方，大家一起分享，相互提醒。他们给连续跳绳成功的小朋友鼓劲；他们一起监督一个晚起的孩子早早上幼儿园，早起的小朋友说其实只要晚上早点睡，早上想着马上可以和其他小朋友一起玩，就不会赖床了。

（3）伴随成长的阶段式评价，和孩子共享成长

孩子的成长不是每一天都能被明显看到，它会阶段性地呈现。有的时候，孩子们在某些阶段并不能表现出明显的变化，但从相对长的阶段来观察孩子，我们会发现孩子们的进步。比如在我们幼儿园，有一个特别喜欢恐龙的班级，孩子们小班时，合作做一只恐龙，中班时他们合作做不同种类的恐龙，大班他们合作做恐龙的家。

这个过程中他们都有合作，但是从不同阶段来看，他们的合作方式有很大的变化。小班时的合作基本是你干什么我也干什么，你给恐龙装条腿，我也要装条腿，干的是同一件事，大家有很多重复动作，没有事先商量；到了中班，孩子们的合作是分工的，你做头部，我做尾巴，但是对头和尾巴的大小比例，他们没有思考，各做各的；到了大班，合作有了事先的安排和协调，大家商议做某一类型的恐龙，根据恐龙的特性设计它的家，比如对喜欢食素的恐龙，就要设计一个网状的树叶顶，高度要让恐龙能仰头吃到树叶，这就是协商。

活动中的阶段性评价是对孩子们的肯定，也是对活动更好的调整。阶段性评价能更好地发现问题所在。所以我们认为及时评价不宜过于频繁，以免掩盖存在的问题。我们需要适当放手，让孩子们有更多的思考和体验，在一个阶段后，再和孩子们客观地分析情况，提出下一步的计划。比如在建构"理想中的小学"的主题中，活动内容是分组合作用身边的材料来建构一所我们理想中的小学。第一次，孩子们的作品很丰富，能用的材料几乎都用上了，并会每天添置。这个阶段老师肯定孩子们认真做事的态度，不对作品进行过多评价。建构了一段时间后，老师和孩子们进行分析，孩子们都能明显发现，这些建筑没有主题，没有特色，什么材料都用上，显得很杂乱。进入第二阶段后，我们开始看到，孩子们从创作中学会了一起商量来确立主题，然后收集材料，最后孩子们呈现的学校都很有亮点，比如樱花学校、太空学校等。这就是阶段性评价给孩子们的支持。阶段性评价能发现问题，为下一步做很好的铺垫。

当然，整个课程的阶段性评价也是非常重要的，可以更全面地审视活动，一般我们从孩子、教师、课程本身三方面展开评价。

不完美小孩

表1-1　阶段性课程评价指标列举

对象	具体指标
孩子	孩子们在活动中愉快吗？
	孩子们能主动参与其中吗？
	孩子们有足够的时间参与游戏吗？
教师	教师给予及时、合理的指导了吗？
	教师的素质和知识具备了吗？
课程	课程依据理念的科学性和前瞻性如何？
	课程对幼儿的促进作用是什么？对社会有益吗？
	课程考虑了幼儿园的环境和文化吗？
	课程实施有没有考虑孩子们的学习特点？
	课程活动能不能适应不同特点的孩子？
	课程开发过程是否以计划—实施—评价的循环为基础？
	课程开发的内容、范围和顺序合理吗？（领域均衡和顺序是两个重要的课程原则）
	课程实施中各方面的支持充分吗？
	课程开发与原有课程是否有所整合？

　　阶段性的评价，不管是针对孩子个人的、针对活动的，还是针对课程整体的，都伴随孩子们的成长过程。同样也伴随老师和谍程的成长。

6.攻克课程重难点的"兼顾策略"

　　每一个孩子都是独一无二的，因为他们是独立的个体。每个孩子都是一个完整的个体，因为他是一个完整的人。每个孩子生活的环境是一个综合体，家庭、学校、社会环境都会影响他们的成长。在幼儿园人数相对较多的现状下，课程中要做到兼顾个体支持和整体发展，是一个重点，也是一个难点。我们要针对孩子的个体发展，给予针对性、个别化的支持；我们也要从整体看一个孩子，他是多面的、立体的、变化的。我们同样要关注他所处的生活环境，更好地营造积极的、安全的环境。

（1）每个孩子是一个独立的、整体的个体，我们要支持每一个不完美小孩的成长

孩子和孩子之间有很多的差异，他们各自的发展速度和到达某一水平的时间不完全相同。我们应充分理解和尊重他们的个体差异，支持他们以适宜自身的速度和方式发展，并引导他们从原有水平向更高水平发展。就如《3～6岁儿童学习与发展指南》中所说，切忌用一把"尺子"衡量所有幼儿。

老师要主动看到每一个孩子，而不是一群孩子。看到一群孩子的话，我们的评价和策略就会变成一刀切。如果主动看到每一个孩子，给予他更多正面的鼓励，让他获得成功的体验，那么孩子会发展得更好。在日常生活中，我们常常会蹲下身，倾听孩子的表达；拿一幅孩子的作品，和他聊聊画中的故事；坐在孩子身边，看他做手工；拿起一本书和孩子一起阅读。在环境中，我们常常会设置私密小空间，让孩子们有独处的时间和空间，能在这相对隐蔽的空间中想自己所想。不同的孩子，我们要基于他们的特点做长期跟踪和支持。比如在自主游戏时间，我们会陪伴集体活动中容易游离的小朋友一起游戏，会支持在阅读区爱创作的孩子展示他的系列故事书，支持搭积木高手展示他的一系列动物积木造型，支持有画画特长的孩子举办个人画展，支持有良好卫生习惯的孩子分享自己的好习惯，等等。例如，可可的绘

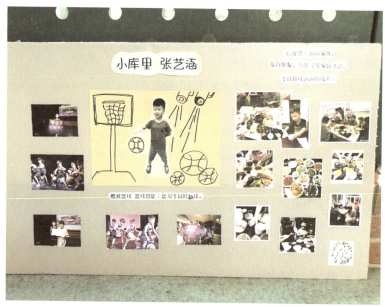

画能力相当强,他的小梦想是开个人画展,老师全力鼓励、支持他。有的时候他自己不一定敢想,如果我们帮助他梦想成真,相信他会更自信。刚开始,老师和他一起整理前期的作品,发现作品数量是有些少,所画的内容也零散,便建议他突出展现他最爱的变形金刚的作品。第二阶段,可可历时两个月努力创作变形金刚,有在KT板上创作的,有在白色T恤上创作的。第三阶段,老师和可可一起在活动室一角布置了"你好,我的英雄"的个人画展。展出时,可可收获了很多来自同伴和大人的赞许,家长还制作了微信故事推送。在作品展出的日子里,可可会主动向小朋友介绍自己画的内容,会和老师说自己什么还不会画,想尝试画什么。他还常在中午时间要求画画,不断丰富自己的作品,创作的积极性越来越高。

在我们幼儿园里,不仅仅是有特长的小朋友才被认可。每个小朋友都有一张专属名片。这些小名片贴在幼儿园大厅,展示在幼儿园走廊和班级里。孩子们会常常关注自己的小名片,也会欣赏其他小朋友的,家长们更是关注。每个孩子制作小名片的时间由自己决定,内容由老师和孩子共同设计。名片上面有照片和文字,照片包括个人照和活动场景照。比如喜欢建构的孩子会展示很多建构作品和设计图的照片,喜欢网球的孩子展示参与活动和各种奖项的照片,助人为乐的孩子则呈现生活中帮助小朋友的各种照片,等等。文字一般来自老师、家长和小伙伴的评价。这些小名片引导孩子积极地认识自己。比如,洋洋的小名片上有一张他的个人照,一张他的设计图,还有三张照片,记录的是洋洋制作交通工具的过程,名片的中间有一段他的表述:"马路上有很多车子,细心的我在马路上设计了红绿灯和斑马线,这样我们就很安全啦!"小名片上的头衔是洋洋自己定的,叫"城市规划师:洋洋"。小名片使他的自我价值认同感和同伴对他的认同感都提升了。

每个个体都是一个复杂的整体。因此,我们需要创设丰富的活动,让孩子们的自我认识越来越系统和完整。比如在幼儿园创设各种不同领域的活动,绘本阅读、健康锻炼、科学探索、艺术体验等,让孩子们认识发现自己的兴趣、爱好、特长;在一日活动的各个环节,孩子们体验各种生活小事;在主题活动、小组活动、集体活动等不同形式的活动中,他们和他人形成良好的关系。我们也常常和孩子们聊生活和游戏中的体会。比如聊成长,卡卡说,他梦想做科学家,但是现在知识不够,要多学习,成功的概率就会大大增加;月月说,她想成为舞蹈演员,虽然身体条件一般,但是多练习会更好一些;小小说,他现在多吃饭多锻炼,身体好多了,朋友也更多了。又比如，大班孩子聊跳绳的话题，有的说，自己跳绳学得特别快；有的说，自己的甩绳和跳还配合不起来；有的说，自己跳起来就要转圈，需要控制在原地跳；还有的说，自己一跳只有两下，很费力。丰富的活动中，孩子们更多地了解自己，认识自己。

（2）每个孩子在一个整体的环境中成长，我们要营造健康的儿童成长环境

孩子的生活环境不仅包括学校，还包括家庭生活环境和社会日常生活环境，他们生活在一个整体的环境中，这三个方面的影响都很重要。作为老师，要给孩子们创造一个积极和安全的环境。

在幼儿园，我们利用大自然原有的环境和材料，营造一个自然开放的环境。孩子们可以在草地上打滚，在木板地上下棋，在沙地里挖水渠，在鹅卵石上滑滑板，在树皮地面上找宝藏，在泥土地面上挖水坑，在塑胶地面上拍球，在砖块地面上玩交通游戏，等等。孩子们在幼儿园里会发现很多"不易被发现的秘密"。有一届大三班孩子记录了春季幼儿园中各种花不同的花期，白玉兰是最早开花的，当它完全掉落了美丽的花瓣后，天气才开始变暖，泥土地边的小草才开始冒出芽；还有一届孩

不完美小孩

子从泥地里挖出了很多"宝藏"，有不一样的石块和长得不得了的根须。幼儿园投放的一些自然的、可塑性强的材料更受孩子们喜欢。草地上放着每年修枝后剩下的木头，孩子们拿来钻木取火。小树枝、鸡蛋壳、麻绳、枯萎的花等等，这也是孩子们在创意空间活动时最受欢迎的材料。开放的环境还指自由、被尊重的环境。孩子们可以自由创作和自由表达，可以说，也可以画。走廊、教室处处都有工具可以让孩子们画下自己的想法。幼儿园里贴着很多孩子们画的自画像，有根据主题创作的立体作品，有小组讨论的导图。老师会尽力给每一幅作品提供一个展示的地方，为创

作了一半的作品做一块提示牌，表示还在创作中，请不要整理掉。孩子们可以自己规划生活和游戏，比如讨论关于值日生的话题，确定哪些事情需要值日生管理，怎么分配值日生工作，怎么能够很好地执行，把轮流的值日表放在哪里合适。

家庭环境非常重要，孩子一出生就有了原生态的家庭环境。不同的教育理念，会给孩子带来不同的影响。我们引导家长们营造一个温暖亲和的家庭环境。一方面，我们为家长在家陪伴孩子提供支持，通过每学期的"三个一"活动，逐步引导家长支持孩子们的自我成长。比如某学期"三个一"的内容是一个小

时的陪伴、一周一次家庭点赞聚会、一月一次有计划的外出。通过这个倡议，家长意识到陪伴和正面鼓励的重要性。我们在班级群里分享好的陪伴方式，丰富家长和孩子的亲子活动形式和内容；一周一次的点赞，让家长们慢慢意识到要多看每个家庭成员的优点；一月一次的计划出行，让家长和孩子的出行变得有计划性。另一方面，我们邀请家长参与到幼儿园的活动中，参与方式有现场参与的，也有非现场参与的。每个主题中都有家长的参与部分，一部分是非现场的，比如和孩子们聊聊大人的想法。在"欣赏你我他"主题中，孩子们先介绍了自己最欣赏的人，回家听爸爸妈妈说他们最欣赏的人，孩子们听到了很多感人的故事，发现了身边还有很多值得敬佩的人。另一部分是现场的，和孩子们一起体验游戏。和孩子们一起游戏，有全体家长参加的，更多是个别参加或者邀约参加。比如在"我长大了"主题中，正好遇到家长开放日，孩子们和爸爸妈妈共同整理自己成长过程中的照片和趣事，并制作了一本成长手册，很多爸爸妈妈被孩子们的成长所感动。比如桂花香包的制作，我们邀请有空的妈妈们，来指导我们一起做香包。家长通过参与活动，更多地了解了幼儿园的活动，我们收获的是更多的理解、更多的支持，最大的收获是亲子间更亲密的关系。

孩子们走出家门和幼儿园，更多地生活在社区环境中。在我们每天生活的小区里，树木的开花结果、河流的四季变化、社区的改造等，都是我们的课程资源。我

们梳理统计周边2千米内可利用的自然资源，有桥、河流、各种花草树木等，还有人文资源，有一所知名的大学在幼儿园的附近，里面有图书馆、博物馆等。周边还有超市、菜场、游泳馆、小学，都是孩子们常常会去的地方。我们将这些资源转化成适合孩子们开展活动的资源。有的资源作为参观的对象，比如大学中的博物馆、超市、社区。大班的孩子们到超市实施购物计划，到社区的敬老院和爷爷奶奶进行联欢。有的资源作为观察和研究的对象，比如河流、树木、桥、公园等。中班的孩子们在"地图"的游戏中，实地观察、测量、分析了幼儿园附近的公园，绘制成了一张公园地图。有的资源直接被安排到孩子们的活动中，比如消防队来幼儿园给孩子们介绍消防车；安全法制校长给孩子们上安全第一课；社区的医生给孩子们讲如何保护视力和牙齿，给孩子们检查身体；等等。

不完美小孩

第二章　在打破、更新中成长

园本课程的建设是一个不断完善的过程，是对教育理念深入认识的过程，是每一位参与者不断实践体验的过程。在整个过程中，一定会有思维的碰撞，有观念的改变，有实践的挑战。随着这些改变和挑战，我们的课程更符合孩子成长的需求，使其获得更积极的自我认识，逐渐拥有自我教育的能力。在课程实践中，我们大致进行了四次作息时间的调整、三轮备课模式的推进、两种课程审议的互补和多样环境创设的支持。

随着园本课程的建立，我们对于课程的感受和理解逐步深入，它是基于本园儿童特点和需求的一种判断分析，通过对各种资源进行充分的挖掘和匹配，提取并构建有价值、有意义的内容，通过组织各种形式的活动，推动儿童的感知、体验与成长。课程的实施也包含我们对儿童观的深入理解，即我们尊重儿童的独立自主性，承认其发展的可能性，使之拥有独立的人格，让其能动地去认识自然和社会，同时也获得自我认识和自我教育能力的发展。

每一位教师都是课程的践行者，在课程的实施中有着重要的作用。教师理解课程的程度直接影响教师自身的教育行为和日常的教育质量。园本课程的建立本身就是对教育理念的深入认识，因此，在这个过程中，我们需要遵循儿童发展的真实状态去做思维调整，改变一些固有的模式。事实上，这也是一个不断探寻、看清儿童真实发展需求的过程。我们在这样的一个过程中，不断尝试打破一些固有的思维，去做一些脚踏实地的改变和尝试。在打破与更新中，教师与儿童实现同步成长。然而，打破与更新并不是一瞬间的事情。不论是打破还是更新，必定要通过不断梳理、碰撞，让教育者产生思考，从而产生更为清晰的认识以及发自内心的认同。这种状态在园本课程建设中是自然的、主动的。教育者会从内心深处出发，愿意主动做教育思想、态度及行为上的更新。

在课程实施的过程中，我们逐步提升教师的课程意识，优化教育理念，转变教育行为及态度。我们融合进行"四次作息时间的调整""三轮备课模式的推进""两种课程审议的互补""多样环境创设的支持"，来提升教师的专业能力，完善园本课程体系，促使幼儿获得更好的成长与发展。

四次作息时间的调整

随着园本课程的建立与实施，我们心中越来越明晰：尊重每一个孩子的个体成长与发展，支持他们认识自己，成为更好的自己，这是孩子成长发展的一个长期目标，需要我们长期关注幼儿的发展情况，也需要我们在实施中不断尝试与调整教育行为。首先，我们对一日作息时间安排做了调整。一日生活的安排直接推动教师对于课程的理解与内化，同时也反映教师对儿童在园阶段学习生活的价值判断与理解。到目前为止我们进行了四次这样的调整与更新。

1.第一次：打破主题探究的有限时间——关注儿童学习需求

早期阶段，我们的一日作息安排丰富细致，内容上涵盖了生活、学习、运动等，活动形式上有自主与集体两个基本类别，空间上有室内与户外的交叉安排。上午安排了晨间接待、晨间锻炼、早操、晨间谈话、以集体教学为主的主题探究、支持幼儿自主选择的区域活动和户外活动（含户外自主及户外运动）等。下午安排了生活活动以及按各班需求开展的主题探究或游戏活动、户外运动与离园活动。此阶段的特点是，上午和下午都安排了主题探究时间，给予孩子们充分探索的时间。具体如下：

表2-1　大班一日活动计划与安排

时间	环节	说明
上午		
7:30 — 8:00	晨间接待	幼儿来园时可进行的一些内容。如：玩桌面玩具、自然角养护等。
8:00 — 8:50	晨间锻炼	发展幼儿身体各方面技能的不同锻炼内容。如：跑跳游戏、钻爬游戏等。
8:50 — 9:00	早操	要重点注意或需要提升（发展）的方面。
9:00 — 9:10	晨间谈话及点心	针对要开展的主题探究内容，做与主题有关的内容谈话交流。
9:10 — 9:40	主题探究	主题内容：××领域。
9:40 — 10:30	自主活动	重点指导区域及目标。
10:30 — 10:50	户外活动	自主或运动游戏。
下午		
14:30 —15:00	生活活动	关注重点包括午睡起床、吃点心等生活活动。
15:00 —15:30	主题探究或游戏活动	根据需要制定主题探究内容。
15:30 —16:30	户外运动	运动类游戏。
16:30 以后	离园活动	不同类型活动内容，如：自主玩玩具、讲故事等。

打破主题活动只在上午进行的固化思维。

从这个阶段的一日安排内容来看，我们已经意识到主题活动的探究并不仅限于上午的时间。要满足孩子在主题中的探索需要，我们可以打破原有惯性思维，去做时间上的调整。因此，我们支持老师根据班级里孩子们活动的实际情况来对一日中主题活动的安排做时间上的弹性调整。

当下阶段的核心思考：一日作息的内容与时间安排比较全面、细致。从晨间的接待、锻炼、谈话、早操，到主题探究、自主活动、户外运动、生活活动，再到离园活动，都体现着教师对各类活动的关注和思考。因此这个阶段，我们打破了主题探

不完美小孩

究只在上午进行的惯例，根据班级孩子的需求，在其他的时间中也对主题内容做适当的支持与推进。老师们在为帮助孩子们建构较为完善的认知经验而努力。这种看似细微的改变，却是教师追寻儿童步伐的重要体现。在这个过程中，我们开始一点点破除一贯的活动安排结构，少了"填充式"，多了根据幼儿需求而安排活动的"灵活性"。

2. 第二次：重组各块独立的活动时间——支持儿童自主规划

这个阶段，我们对一日活动中的环节进行整理，发现一些内容可以自然地结合在一起，从时间上来讲，这种结合使一日活动更有弹性与开放性，少了一些环节上来来回回的时间消耗。比如，之前的晨间锻炼和早操就可以很自然地合为一体。为了让整个一日活动过渡更为自然、有序、流畅，我们将夹在中间的晨间谈话去掉，安排了计划和回顾环节让孩子们对整个上午活动有规划、有思考。同时，我们将午餐、餐后活动及午休的时间作为一个整体来进行统筹安排，下午的点心环节与自主游戏衔接融合。因此，相较上一个阶段，我们将一日作息安排调整为这样的流程：晨间接待—户外活动—计划与学习—自主游戏及点心—上午活动回顾—午餐及午睡—点心及自主活动—户外活动—离园。

表2-2 大班一日活动计划与安排

时间	环节	说明
7:30 — 8:00	晨间接待	关注幼儿来园情况，如身体状况、情绪、需求等。
8:00 — 9:00	户外活动（含早操）	晴天内容：…… 雨天内容：……
9:00 — 9:30	计划与学习	主题下的各内容。
9:30 —10:30	自主游戏及点心	可安排室内或户外自主游戏。
10:30 — 11:00	上午活动回顾	谈论与上午活动有关的内容。

合并之前的晨间锻炼与早操。

将生活动自然地与自主游戏相融合。

上午活动规划和反思。

时间	环节	说明
11:00 — 14:30	午餐及午睡	午餐（制定需要关注的事项或要求）。 午睡（制定需要关注的事项或要求）。
14:30 — 15:00	点心及自由活动	盥洗、生活管理、室内自主活动等。
15:00 — 16:30	户外活动	户外活动安排。
16:30 — 17:00	自主游戏及离园	离园前的准备。

> 融合生活活动，让幼儿有自我安排、规划时间的机会。

　　这个阶段的一日作息安排整合了之前零散、独立的活动，使活动过渡自然又有计划性。老师们也变得更为开放，由全权掌握整个一日时间的安排到尊重幼儿的主体性，给予孩子们一定的自我安排规划的时间和机会。如在点心与自由活动的融合中，孩子们可以自主地安排活动与就餐时间；在午餐、餐后、午睡中，孩子们可以根据自己的时间安排餐后活动与睡前准备活动……

　　当下阶段的核心思考：我们一直在探寻什么是儿童立场，什么是尊重、支持儿童的发展。我们为幼儿设置的一日作息时间就应建立在孩子的成长发展需求之上。在当下阶段的观察与思考中，我们对活动的设置进行了整合与拓宽，对时间的这种调整其实源于对儿童需求的理解与支持。我们感受到孩子们的活动是充分和完整的，而非割裂的、被动的，因此我们将晨间锻炼、晨间谈话、早操进行合并，形成了上午段整体的"户外活动"，让孩子们尽情地活动，减少赶时间、赶环节的现象。

　　同时，我们也思考各个环节对孩子的推动意义。我们主要分析了谈话的目的。如果说之前的谈话是为了对主题活动做经验调查与引入，那么完全可以将这个环节融合在主题活动中，不需要拿出来作为一个独立环节来安排。当然，我们谈话的作用应该不止于此，它除了有表述、传递自我认知经验的作用之外，还应该有反思与梳理的作用。所以，安排"上午活动回顾"，既有表述，又有反思、梳理与小结。指向对半日活动的内容进行交流，让孩子在交谈的过程中有话可说、有事可谈、有问题可分析，因而这个环节对于幼儿的自我认知与经验建构有着很重要的推动意义。我们也分析了一日生活中午餐、午睡对于孩子的影响。我们将午餐、餐后活动、午睡结合起来组成一个环节显示在一日生活作息时间安排表中，允许有弹性调整，可早一些睡，或晚一些睡，尊重孩子的个体差异。

3.第三次：弹性安排活动的开展时间——开放儿童生活安排

随着课程的实施，我们越发感受到需要尊重幼儿，放手支持幼儿，探究"真正以幼儿为主体"的教育方式。当我们尊重儿童的自主性，给予他们足够的空间与时间去感受、探究时，孩子们表现出的自主性与自我安排能力远远超过我们的想象。

在每一个阶段，我们都会思考与寻找较为适合幼儿的支持方式。只是，不同阶段，我们的理解、站位不同，思考并呈现出来的支持行为与方式也会有所不同。相较于上一个阶段而言，在这个阶段中，我们看起来只是在每一个时间段中加了"左右"两个字，但这蕴含了教师对于儿童发展的一种递进性认识。其实，在日常生活中，我们可以感受到孩子们的发展是需要一个过程的，并且不同的活动所需的时间也会有所不同，所以不能用统一固定的时间来框定。由此，我们开始在各个时间段设置一个弹性的范围，允许教师在不同环节的组织中，根据幼儿的实际情况做一些延长或缩短的调整。具体如下：

表2-3 大班一日活动计划与安排

时间	环节	说明
7:30—8:00左右	晨间接待	关注幼儿来园情况，如身体状况、情绪、需求等。
8:00—9:00左右	户外活动（含早操）	晴天内容：…… 雨天内容：……
9:00—9:30左右	计划与学习	集体（小组）活动。
9:30—10:30左右	自主游戏及点心	自主游戏（室内/户外）。
10:30—11:00左右	上午活动回顾	集体交流。
11:00—14:30左右	午餐及午睡	午餐（制定需要关注的事项或要求）。 午睡（制定需要关注的事项或要求）。

"左右"意味着教师在支持幼儿开展各类活动的过程中更尊重幼儿的活动需求，不被时间所限。

时间	环节	说明
14:30—15:00 左右	点心及自由活动	盥洗、生活管理、室内自主活动等。
15:00—16:30 左右	户外活动	户外各类活动安排。
16:30—17:00 左右	自主游戏及离园	自主活动的安排。

在此，一日作息时间的安排更多立足于儿童的立场，教师的主控性渐渐弱化。虽然有时间的标注和划分，但实际上给予教师很大的弹性空间。弹性的时间设定一方面提升教师的教育认知，另一方面也丰富了幼儿在园生活、学习、运动等各项活动的感受和获得。

当下阶段的核心思考：相较于上一个阶段，我们对一日作息安排没有进行过多环节上的调整，而是根据幼儿的成长发展需要来进行综合考虑与安排。比如一日活动中户外活动时间、自主游戏时间、集体活动等的弹性安排。

我们意识到每个活动都有着不可替代的作用，孩子们在活动中的参与和投入程度值得我们关注。由此，我们也发现，支持孩子体验、参与不同的活动，是不能用统一固定的时间来进行限制的。因此，我们支持教师在原有的时间划分上，进行弹性的设置与安排。如晨间活动中孩子们对于花式跳绳有着极大的热情和挑战欲望，那么可以延长时间。自主游戏中若出现了一些问题，则可以适当地缩短时间，同时增加回顾的时间来探讨游戏现场产生的问题与解决的策略。这种时间上的弹性安排，可以随时根据孩子的实际情况做相应的支持与调整。

4. 第四次：合并同类活动的实施时间——推动幼儿深度学习

随着课程的深入实施，我们对于儿童的支持也更趋向于满足他们真实的学习与生活需求。带着给予幼儿真实支持的想法，我们在日常教学中，会更多地观察、分析幼儿在各个活动中的状态，尊重并关注每一个个体儿童的表现表达，同时，梳理出一日活动中存在的一些问题，比如：看似我们整合了很多环节，给予了孩子们充分自主的时间，达到了幼儿在其年龄段的户外活动、运动锻炼的时间标准。然而，事实上孩子们仍旧有锻炼不够充分的现象。晨间来园锻炼的时候，有些来得较晚的孩子刚刚热完身，晨间活动就结束了，对于这部分孩子来说，晨间锻炼起不到应有的作用。再比如我们发现，根据幼儿的活动实际情况来适当弹性地安排时间，但是这点弹性时间是远远不够的。有时候，一个活动的开展可以持续一个多小时。确实，在课程的实施中，想要把话题聊透、事情做完，必须提供更长的时间让孩子们进行认知、体验和表达。

　　基于以上两类问题，我们结合之前调整的经验，以及幼儿的真实需求，再一次进行了整合。这一次的整合是合并同类活动，比如：将户外活动合并在一段时间内进行，将主要的活动合并在一起进行，自主活动类的活动合并在一起进行。因此，一日作息中，除了生活活动之外，我们主要设置了室内自主游戏、户外自主游戏、主题探究活动三大板块。同时，为了保障幼儿在户外有充足的场地进行活动，我们制订了A、B计划，用于年级组之间场地的错峰使用。A、B计划中还各划分了两类（A1、A2，B1、B2），目的是让教师能够根据自己班级孩子的实际情况灵活选择开展。具体如下：

表2-4　幼儿一日活动安排

A计划（A1/A2）			B计划（B1/B2）		
7:30 — 9:30左右	室内自主游戏（含回顾、分享环节）		7:30 —9:30	户外自主游戏、体育运动、集体操（含回顾、分享环节）		
生活环节	点心、盥洗					
9:30 — 11:00左右	A1:户外自主游戏、体育运动、集体操（含讨论、计划或回顾、分享）	A2:主题活动（集体活动或分组活动；可含主题中室内区域活动或户外活动）	9:30 —11:00	B1:主题活动（集体活动或小组活动；可含主题中室内区域活动或户外活动）	B2:室内自主游戏（含讨论、计划环节或含回顾、分享环节）
11:00 —15:00	生活活动：午餐、户外活动、午睡					

A 计划（A1/A2）			B 计划（B1/B2）	
15:00 —17:00 左右	A1:主题活动（集体活动或分组活动；可含主题中室内区域活动或户外活动）	A2:户外自主游戏、体育运动、集体操（含讨论、计划或回顾、分享）	15:00 —17:00	B1:室内自主游戏（含讨论、计划环节或回顾、分享环节）	B2:主题活动（含集体活动或小组活动；可含主题中室内区域活动或户外活动）

这种整合使一日活动安排以板块的形式呈现，将孩子们的一日活动分成了生活、学习、运动三个类别。时间的延长支持孩子们在每一个板块充分地、深度地学习。当然，每一个板块中，同样也涵盖了多种可能性，教师可以根据班级孩子们的具体情况进行张弛有度的选择和把握。比如在主题活动板块中，可以是集体的活动，也可以是小组的活动，可以在户外进行，也可以在室内进行。同时，对于自主类的活动，都安排了回顾，以此提升活动的真正有效性。

当下阶段的核心思考：在课程的深入开展之下，教师的教育观和教育行为都潜移默化地发生了改变。教师的心中已经有了"一日中儿童的基本必要活动"概念，他们可以调动和运用这些活动。要保证教师既能够有效实施，又能够根据自己班级孩子的情况进行灵活安排，只要给予教师一个大的框架就可以了。我们目前的这个一日安排不仅是孩子们的一日作息时间，同时也是教师组织幼儿开展一日活动的支架。将时间与内容进行板块式的归纳和划分之后，一日活动就会变得更加简洁明了。

课程的实施中，孩子们提升了自我规划、反思、安排等能力，我们也更加相信儿童，支持他们用更多的空间和时间来感知、探究、获得各类经验。所以，大段的时间安排，不仅让教师们在组织安排中有一定的灵活性，更重要的是支持孩子们在课程中真实有效地学习。

四个阶段，四次作息时间的调整，是随着课程的组织实施与开展，不断思考、梳理、完善的一个过程。每个阶段的安排，都是在观察幼儿现状的基础上，对优点和问题进行梳理、分析，对一日活动中环节内容及时间做出调整的结果。当然，我们的每一次调整并不是对上一个阶段的一种推翻，而是继续优化，我们将上一个阶段中好的经验进行整合、留存，对比当下儿童的实际需要，选择、思考、增补、调整，做出新的安排。因为儿童的发展、表现状态以及教师的教育观念、行为都会不断变化，每一个阶段的调整应该都是适合当下幼儿发展需要的。

三轮备课模式的推进

　　教师课程意识的改变过程中，教师的备课模式也在随之变化。随着园本课程的不断深入，我们更关注一日活动后的反思，更关注活动中孩子们的真实表现、实际需求，去调整预设；更注重思考幼儿整体全面的发展和幼儿的深度学习。因此，我们的备课模式随着课程的推进呈现不同的样式。

　　在传统的备课模式当中，教师注重集体活动的预设，关注五大领域的均衡，会关注与呈现生活活动，会在每一天的活动组织后，记录印象最深刻的瞬间，并进行分析。这种备课模式关注幼儿在集体活动中的多元感受、全面表现。以下是书册式备课中，教师一天的方案范例内容：

表2-5　一日活动方案与反思

时间	流程	预设活动和反思
上午	组织老师（××）	主题活动"×××" 1. 活动领域及目标。 2. 活动准备。 3. 活动详细过程。

时间	流程	预设活动和反思
下午	组织老师（××）	1.生活活动（指导要点：梳理生活活动重点的指导内容）。 2.室内活动（定好重点推进目标）。 3.户外活动（含目标、准备、过程）。
	观察记录与分析	确定观察主体；客观观察与记录；对现象进行思考与分析。

1.第一轮"导图式每日反思备课模式"——关注儿童学习的实际需求

　　传统备课讲究领域间的平衡以及单个集体活动目标的达成，每日的内容之间缺乏紧密的联系，最后一个"观察记录与分析"板块的记录与分析在很多情况下是对细节问题进行记录和分析，并没有围绕孩子们在一日活动中的情况来做深度分析。

　　基于这样的备课情况，我们思考备课的真正意义，是一周内达到领域的均衡就可以了，还是可以更多地站在儿童的立场去追溯他们的真实需求，去做预设、推动、分析与调整？答案显然是后者。由此，我们进行了第一轮真正意义上的备课模式的改变：

不完美小孩

| 主题名称及目标 | 第一周 | **周一**
1.晨间活动
内容安排：×××
2.集体活动
内容安排：×××
3.(室内/户外)自主游戏
内容安排及重点指导：×××
4.户外活动
内容安排：×××
5.生活活动
内容目标：×××
6.家长工作
重点沟通事项：×××
当日反思 | **周二**
1.晨间活动
内容安排：×××
2.集体活动
内容安排：×××
3.(室内/户外)自主游戏
内容安排及重点指导：×××
4.户外活动
内容安排：×××
5.生活活动
内容目标：×××
6.家长工作
重点沟通事项：×××
当日反思 | **周三**
1.晨间活动
内容安排：×××
2.集体活动
内容安排：×××
3.(室内/户外)自主游戏
内容安排及重点指导：×××
4.户外活动
内容安排：×××
5.生活活动
内容目标：×××
6.家长工作
重点沟通事项：×××
当日反思 |

导图式每日反思备课模式图

（1）从书册式到导图式的改变——备课更具逻辑性

我们对备课形式进行了调整，将之前的书册式备课转化成导图式备课。这种外显性调整，让教师从视觉上有一种直观的感知，可以一眼看到所备课程内容之间的逻辑关系，而且所有的关键内容呈现在一个页面上，方便教师做对比、记忆、思考和分析。导图式备课形式里，教案以插件的方式存在，不占整体页面的空间，可以通过点击插件直接查看相应的详细内容。

（2）从重点式到整体化的改变——备课更具连续性

我们对备课的内容也进行了调整。原先备课时，我们对比较重要的内容进行预设，并做好充分的准备，但会忽视日常的生活活动和家长工作的内容。在导图式备课中，一天的活动都基于关键目标进行思考与安排，包含了晨间活动、集体活动、自主游戏、户外活动、生活活动、家长工作等。这让教师们对一日活动有整体性的关注与思考。在进行完一天的活动之后，不仅对当天活动进行整体的分析与反思，同时也对第二天的预设安排进行相应的调整。为了让孩子们在课程中获得更为深刻、连贯的经验，我们认为需要真正推动老师思考，让老师用更多时间深入探寻班级孩子们的真实需求，支持孩子们参与各项活动，推动孩子们的经验建构。由此，我们将之前的"观察记录与分析"转化成了"当日活动反思"，让反思发挥推动幼儿成长的作用。

当下阶段的核心思考： 这一轮备课模式的调整与改变依附于课程的实施。在实施园本课程时，我们更加注重每一类活动对幼儿的实际推动作用。在备课中，我们既有对前一天活动的真实分析，也有对第二天的预设活动进行的调整。因此，我们的备课既有预设和计划，又有即时的分析与反思。我们希望通过这样的方式，扎实有效地推进幼儿的日常活动，提升幼儿在经验、情感、态度等方面的连续性生长与发展。

2.第二轮"块面式每周梳理备课模式"——关注儿童经验的持续发展

前一轮备课模式的改变让教师们有了依据儿童经验及兴趣来创设活动内容的意识。但是我们在实际运行过程中也发现了一些问题。我们要求教师们对每一天的活动进行反思与适当的调整，但是实际上并不是每一个活动都需要调整，这样的模式使得教师为了分析调整而分析调整。有时分析是可有可无的，有时分析的内容零散，看不出对儿童经验的推动与链接。其实不管对于活动还是孩子，教师在观察分析的过程中需要收集更全面多元的信息，持续观察孩子在活动中的表现。因此，为了对儿童经验进行更有效的分析，我们尝试进行了第二轮备课模式的调整与改变。

块面式每周梳理备课模式图

（1）以五类活动为内容，按周设计

当前备课内容是将一日中重要的环节进行块状整合，以块面为单位，设定一周的目标。比如对这一周户外活动的重点目标和自主游戏中的重点目标等进行罗列，那么，我们的板块主要有哪些呢？经过梳理与归纳，主要包括户外活动、自主游戏、生活活动、主题活动和家长工作五个部分。

（2）以五块内容为核心，按周反思

根据以上块面内容，教师经过一周的整体活动组织与观察后，进行有针对性的反思。比如在这一周户外活动的板块上，幼儿的整体情况如何，有什么问题，下一个阶段需要进行怎样的调整；在自主游戏板块，幼儿的情况又是如何，出现问题的原因有哪些，可以做何调整……这种反思将之前开放性的反思调整为指向性的反思，让教师在反思的过程中有抓手、有目标、有方向，考虑问题更加全面完整。

当下阶段的核心思考：第二轮备课模式，改变了第一轮中活动安排和反思琐碎、面面俱到、重复雷同的现象，反思更为全面、整体，有针对性，能把握住关键。

幼儿的表现不是每一天都有明显变化，或者说有些当下的表现不具备特征性，如果用相对长的时间，比如一周来观察，更能发现关键性的问题。

3. 第三轮"支架式主题活动备课模式"——关注儿童学习的完整体验

随着儿童观的改变，教师越来越明白需要尊重儿童。我们希望看到教师将尊重儿童的理念落实于行动，在实践中呈现对主题开展的思考与对主题内容的把握、理解与推动。因此，我们继续在笔头工作上为教师做减法，在思考上与教师们一起做加法。第三轮备课的调整与改变，是结合课程的实施路径，重点在于推进教师在主题开展中的思考。

在本次调整中，我们将导图形式进行了再次简化，以一个主题为一张导图，按周进行活动安排，每周之间有审议分析，主题完结后有对主题的整体性反思。

在第三轮备课模式的调试中，还有一个很重要的改变，那就是给予教师备课、反思、推进的支架。我们主要把按主题行进的三条路径以及三个维度的思考，作为备课中主题内容设计与反思的支架。

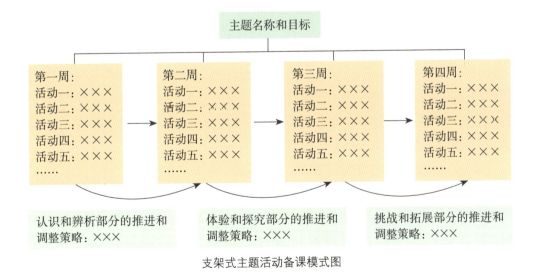

支架式主题活动备课模式图

（1）主题行进中的三条路径

我们根据主题实施的路径来备课，让教师在思考的过程中能够有相对全面、正确的方向。

● 主题开启——认识和辨析

主题的设计与思考是很重要的，以往主题活动设计只关注活动的开展顺序，不太注重发现幼儿的已有经验。在课程改革的推动下，我们需要了解幼儿的已有经验与兴趣需求，从主题的关联度出发，分析课程的推动方向。"认识和辨析"环节是充分调动幼儿的已有经验，提升幼儿学习的有效性。比如在"我上大班了"主题中，老师会引导孩子回忆自己上中班时对上大班的向往情感，并进行讨论。再比如运动会的主题中，会带着孩子们谈论去年运动会的开展情况。这些认识和辨析带动孩子们更好地进入主题活动。

● 主题行进——体验和探究

在主题行进的过程中，我们引导教师备课设计时，多给予幼儿体验、探究的机会。因为幼儿的感知与学习多是在实践操作中获得的，所以无论是怎样的主题内容，我们都需给予幼儿充分的体验机会。比如在"运动会"主题中，主题行进阶段的活动设计是让孩子们来设计和体验运动会的各个环节与游戏项目。

● 主题尾声——挑战和拓展

在主题行进的后期，幼儿已有的体验感知需要得到一定的提升。我们通过设计"挑战和拓展"环节给幼儿提供有仪式感的大型活动，拓展幼儿的体验。因此，主题后期的内容设计，多倾向于大型的体验挑战类活动。比如在"运动会"主题中，最后的主题活动就是一场正式的运动会，让孩子们参与并在运动会后进行感受的记录与表达，感知自己在挑战和拓展阶段的收获。

（2）主题行进中思考的三个维度

除了上述主题活动开展的三个支架之外，教师在备课的过程中，还融入三个维度的思考，来验证与分析支架使用是否深入透彻，备课内容是否真实有效。这三个维度的思考分别是多角度持续观察、正面引导推动和创造成功体验的机会。

不完美小孩

多角度持续观察　→　正面引导推动　→　创造成功体验的机会

多角度持续观察，解读孩子的特点。在主题开启阶段，教师要持续观察孩子的状态与特点，主动分析前期活动，及时调整后期活动。

积极正面引导，促进孩子正确认识自己。在感知、体验、探究阶段，教师要通过积极、正面的引导，让孩子在活动中呈现出更为积极的状态。

创造各种成功的机会，引导孩子体验成功，做更好的自己。教师要结合主题后期的挑战和拓展，鼓励孩子努力尝试、达成挑战目标，让孩子在挑战和拓展中感受成功。

当下阶段的核心思考：在前两次的备课调试中，我们虽然要求教师追随幼儿的需求进行活动内容的反思与设计，但是每位教师的能力不同，反思推进工作的效果并不是十分理想。因此，我们在这次备课调整中增加了集体备课的形式，同时提供了三条路径与三个维度的思考支架，让教师在具体开展活动的过程中能够把握核心要素与框架，推动教师进行真实、扎实、深入的思考。

> 三轮备课模式的推进都强调充分考虑孩子前后经验的衔接，关注孩子经验建构的完整性和持久性，不断摸索、探寻更为适宜的备课模式，让备课真正发挥作用。推动教师专业能力的发展，让活动的开展能够真实、有效，最终促进孩子的成长。

两种课程审议的互补

课程开展的过程中，少不了相应的审议。活动中一定会产生一些问题，通过集体的讨论与交流会让课程内容更加完善。在主题开展前中后所进行的反思、分析与调整，是审议的基本状态。审议让主题活动的内容更加符合幼儿的兴趣需求，切合幼儿的经验发展，丰富幼儿应有、需有的经验。随着课程改革的不断深入，审议也有了一些调整与转变，但是不管是哪种形式的审议，在当下的教育形势下，都有它的价值、意义。随着社会的不断发展，儿童在不同环境下所受的影响和所发生的变化，以及教育理念的推进，我们也不断优化更新审议的模式，寻找当下最适宜的审议方式。

定时定点的集体式审议
时间：学期初和期末。
目的：分析幼儿园整体课程开展情况。
成员：不同层面的教师、课程核心组成员、家长、专家等。
重点：审原因，着重分析问题背后的原因，是幼儿的自身特点与状态出现了问题，还是教师组织过程的不合理。审内容，通过设计活动内容来解决问题。

常态化的小组式审议
时间：每周。
目的：发现孩子们的当下真实问题，调整主题。
成员：年级组教师、核心组成员。
重点：审现状，针对一个具体的情景，看儿童在当下活动中的真实状态，分析问题，解决问题。审过程，从一周的活动过程分析问题所在，找到调整的方向。

1. 定时定点的集体式审议——审原因、审内容

集体式的审议方式是教师集中在一起，对各自的主题进行分析与交流。这种方式可以帮助各年级组教师把准主题开展的脉络、方向。

学期末，先以年级组为单位，根据一学期的活动开展情况，分析幼儿的整体发展水平，找到突出的问题，分析原因，设定下学期的主题内容。审议后幼儿园的核心教科研组、专家等对每个年级组的审议情况进行评价，把准方向，让课程内容更贴近幼儿的实际发展水平，也让下学期的课程内容安排合理有效。学期初的审议，是对上学期末已经审议过的内容进行再次审议。这时的审议强调结合幼儿园新学期的状况，基于当下资源，分析幼儿已有、应有、需有的经验，安排适宜的活动内容，让整个学期的活动开展更有聚焦性。

以上集体审议年级组都在同一个集中的时间开展，目的是审议之后，方便大家进行分享与交流，提出相应的指导与建议，让审议的内容更加完善。在集体审议的过程中，教师们也大多站在儿童的立场上进行思考与分析，重点审原因和内容，前者着重观察、分析问题背后的原因，后者关注主题内容前后的经验关系，对幼儿发展的推动作用，以及领域上的合理性等，确定接下来的主题活动内容与开展环节。

2. 常态化的小组式审议——审现状、审过程

日常教育过程中，我们认识到，每位教师的能力不同，实施的效果也会有所不

同。我们发现，定时定点的集体式主题审议可以帮助教师们把准大方向，但是落实到真正活动中时，还存在一些问题。因此，我们对审议方式进行了补充，增加常态化的小审议，以年级组为单位，按周进行审议，通过年级组的集体讨论，反思前一周活动开展的效果、问题和原因等，对下一周活动进行调整与设计。这种以年级组为单位的一周一次的常态化主题审议，让教师的主题活动推进工作做得更加扎实。

常态化的小组式主题审议所呈现出来的重点包括两方面，一是审现状，即关注儿童在当下活动中的真实状态，从不同的角度看问题，解决核心问题，进行调整推进。二是审过程，即关注孩子每天在活动中的过程，有什么样的倾向与获得，存在哪些困惑与问题，并进行调整。我们认为常态化的小组式审议更加贴合幼儿在活动中的真实情况，它能围绕当下的问题分析、讨论并提供解决方式。

集体式审议和小组式审议互为补充。

（1）"过程性"与"总结性"的互补

过程性是指日常的审议，审议氛围更为常态、宽松；学期末的总结性审议是对一学期的所做、所思、所想进行一个汇总，验证教师对日常内容的理解、消化程度。

（2）"开放式"与"把向式"的互补

开放式是指以"聊"具体事件的方式，让教师大胆表述自己想到的问题和解决策略。大部分教师在严肃的研讨会中比较紧张，很难梳理出一些关键的、带有理论性的结论，但是这不意味着教师不会做、没有内化。很多教师，尤其是新教师擅长阐述日常具体事件的细节。基于此，我们强调审议要有开放式的氛围，让教师们以自己的方式大胆地说。在此基础上，我们再进行"把向式"的推动，化"聊"为"研"，将教师说的一些比较生动有趣的具体事件进行归纳、提炼与分析，让教师们明白事件中蕴含的教育契机或教育问题。

> 两种课程审议形式体现了不同时期我们不同的思考维度，互为补充，可以让我们思考更为周全，也让审议更为客观。

多样环境创设的支持

良好的环境能够给予孩子一份积极的推助，帮助孩子去感受和成长。幼儿的成长环境包含学校环境、家庭环境、社会环境，其中学校环境包括班级空间、园区其他公共空间等。幼儿在园的一日生活中，相对来说，有较多时间在班级环境中。在这里，我们着重阐述对班级环境创设的一些想法与思考。我们认为，外在环境有激发幼儿学习兴趣的作用。

1.丰富的内容——激发孩子与环境展开互动

幼儿园班级的环境创设，有很大一部分内容来源于幼儿的实际活动。由这些内容所形成的环境可以激发幼儿的再次学习，前提是环境中的这些内容有激发幼儿进一步感知、互动的"能量"。基于幼儿园园本课程具有的"弥漫性""个别化"的内涵特色，我们梳理了幼儿园环境创设的三类内容来源。教师可以通过选择三类内容来创设环境，增加环境与幼儿的互动，发挥环境的作用。

（1）来源于主题开展过程的内容

这类内容最为常规、占比最大。呈现这类内容时，我们从三个方面思考。

亲体验内容的呈现：这些内容多是集体或小组活动中幼儿经历过的。这样的内容更容易与孩子之间产生互动。如：主题活动"玩陀螺"中孩子们尝试用班里的玩具做陀螺。此外，他们对如何让陀螺转得更久很感兴趣，经常一起讨论研究。老师将孩子们的研究过程记录下来，形成经验分享，呈现在墙面环境中，同时提供一个陈列不同类型陀螺的展示台。这些孩子亲身经历的探究过程被呈现在环境中，显然对孩子们的活动产生了推动作用，激发孩子进一步探究的兴趣和欲望。

探究过程的呈现：老师会随着活动的推进收集主题相应内容，把每一个阶段的典型事件记录下来，并呈现不同阶段的关联性，让孩子在环境的影响下逐渐建立思维的条理性与逻辑性。如开展"甜甜蜜蜜"主题时，从孩子们喜欢的甜食入手，追随

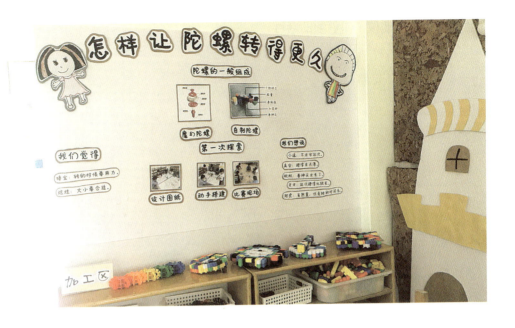

孩子的经验，生发出"爱吃甜食会蛀牙"的话题，由此产生了保护牙齿、怎么刷牙、我会刷牙漱口等一系列活动。环境中所呈现的内容体现了经验之间的关联：我们喜欢甜甜的美食—可是会蛀牙—我们来刷牙（怎么刷牙、我会刷牙）—还有什么好办法防蛀牙—吃完东西，记得漱口哦！（此处教师增添了一个箭头标识，指向教室里的饮水机，提醒孩子们餐后漱漱口。）这种过程性内容的呈现是有逻辑性的，不仅帮助孩子们回顾梳理相关经验，也自然引出"漱漱口"这样的日常事情。这种过程

性的体验，会带动孩子们更主动漱口。

让讨论可视化：很多时候谈话环节在谈过之后就结束了。实际上可以进行可视化呈现，让孩子对自己的话语有进一步的理解。这就是环境与孩子的互动。如在"特别的我"主题中，老师带着孩子们开展"介绍我自己"的相关谈话活动，让孩子们都来聊聊自己的优点和需要继续努力的地方。谈论后，老师用文字对孩子的言语进行了记录，同时也让他们通过绘画的方式进行表达，并将绘画作品呈现在环境中。这种呈现带来了一个个让人欣慰的小瞬间，如孩子们会指着图上的自己与别人说说聊聊，孩子们看着画时会自己反思一些问题。可见，孩子们自我认识的主动性在环境中得到了提升。

（2）来源于孩子感兴趣的项目内容

在进行环境创设的过程中，我们呈现孩子们感兴趣的项目内容。这样的内容源于幼儿自身需求，更能引发主动互动，包含以下两类。

一类是围绕兴趣形成的长期项目内容。孩子感兴趣的内容有很多，追随儿童的

需求去深入支持他们感兴趣的活动，可能就会自然而然形成一个项目。将以幼儿兴趣为基点不断衍生出来的内容呈现在环境中，能够引发孩子们的共鸣和互动。如孩子们在散步时发现树底下有两三朵蘑菇，他们对蘑菇非常好奇，不断追问：蘑菇有没有毒？蘑菇怎么不见了？……在好奇心的驱使下，孩子们讨论着关于蘑菇有没有毒的话题，探索"验证蘑菇是否有毒"的方法，做调查，尝试验证多种猜测，探寻蘑菇消失的秘密，等等。将这种基于儿童兴趣产生的话题内容——呈现之后，会自然地衍生出下一个探究性话题。

另一类是围绕兴趣形成的短期项目活动。虽然幼儿感兴趣的事情没有形成长期项目，但是在讨论、探究中逐步产生了一些有价值的经验或规则。这样的内容也可以呈现在墙面环境中，引发幼儿思考和学习。如春天养蚕宝宝时，时常会发生一些有趣的事，比如一只蚕宝宝一天可以吃×片桑叶，蚕宝宝会吐不同颜色的丝……每一个关键事件，教师都用图文结合的方式即时记录并呈现在环境中，使得其他没有参与此项活动的孩子也能直观地收获关于养蚕的一些经验。

（3）来源于个体表达的内容

我们在环境中还可以呈现与孩子们的个性化表达有关的内容。个性化表达的内

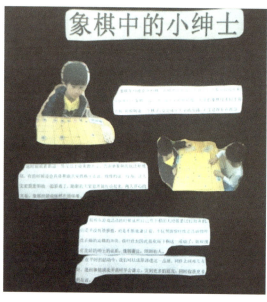

容涉及每个幼儿的认知，因此当它出现在环境中时，更容易与孩子产生互动。我们有两种类型的幼儿个性化表达内容，具体如下：

一是指向幼儿作品表达的内容。幼儿的作品表达代表幼儿的思考。因此，我们会将每一个孩子的作品呈现在适宜的地方。如在班级中有很多大型的火箭，有很多微型的泥塑作品……每个孩子都有符合自己水平的内容表达。教师不会因为谁的作品不够优秀，或是表达不够成熟而将它隐藏起来。

二是指向幼儿个体评价的内容。我们将对幼儿的评价生成"小名片"，呈现在各个适宜的空间。班级里的每个人都有一张属于自己的小名片，上面有个人介绍、不同主体对他的评价。比如，睿睿的小名片是"象棋中的小绅士"。在没有这张小名片之前，班里有的小朋友觉得睿睿调皮，甚至还有点儿爱捣乱。但是，当这张小名片出现后，小伙伴评价睿睿时有了跟往常不一样的看法。有一个小朋友说："我觉得睿睿有时候也挺绅士的。"我们明显感受到听到评价的睿睿在某些时间段会约束自己，让自己变得更绅士。这种对自我、他人的认知是幼儿与环境之间高级的互动。

2.适宜的内容——支持孩子在环境中探究和思考

生活中有很多内容可以被呈现在环境中，但这并不意味着可以把相应内容全部呈现在环境中，否则可能留下了内容，却引发不了孩子的持久互动。因此，我们采用以下两种方式，尝试推动孩子跟环境之间产生更持久的互动。

（1）选择关键内容，链接真实生活经验

无论我们需要呈现的内容是主题内容、与兴趣有关的内容，还是日常生活中的内容，都不意味着要把所有的活动、作品、讨论的事情呈现出来，而应该择取关键内容，将必要的部分进行关联，帮助孩子获得经验。那些在活动中能够落实到幼儿身上，能与幼儿的真实生活发生后续关联的内容，才是核心的内容。这些核心内容更能保障互动的持久性。

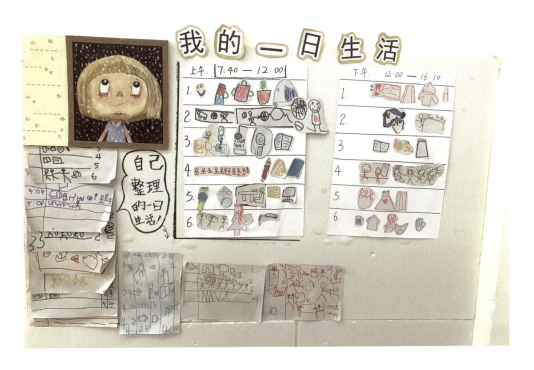

在"我的生活"主题中，开展了很多活动，有"我们生活的环境""生活中的趣事""一日生活安排""不一样的我"……但在最后，环境中只保留了"一日生活安排""不一样的我"两部分内容。这两者是这个主题的核心。

（2）选择关键问题，推动互动与思考

除了关键内容的选取，我们还梳理关键问题来提升互动的持久性。关键问题会推动孩子们进一步思考，然后尝试实施，实施过程中可能又会有新的问题……因此，在循环往复的递进中，孩子们的互动是持久的，经验是不断丰富的。虽然在探究的过程中会出现很多延伸内容，但是教师的选择性呈现帮助孩子们抓住了活动最核心的内容，也通过关键问题的呈现，让孩子们有更多互动和思考。

如在"地图"项目活动过程中，教师呈现了活动中最为关键的内容，即孩子们提出的一些问题：为什么同一样东西在地图中出现了好多次？地图方位怎么看？怎么让我们的地图内容更完整？……这些问题推动孩子们制作更完整的地图。

3. 多主体创设的内容——使孩子成为环境的主人

虽然环境创设的内容来源于幼儿参与的活动或日常生活，但是布置环境的主体大多是教师。因此，布置的过程或多或少带有教师的主观设计。或许我们可以站在儿童立场上，听听孩子的意见，这样我们所呈现的环境是孩子喜欢的，更能提升互动性。因此，我们也在尝试将环境创设的操作权逐步转移给儿童。

（1）师幼双主体进行的环境创设操作

我们在环境创设的过程中，需要倾听孩子们的意见，让他们成为环境创设的主体之一。以教师和幼儿为共同主体创设环境，让孩子觉得这些内容是符合其自身真实需求的，从而让孩子对其中的内容理解得更为深刻，互动起来也更具主动性。

如孩子们讨论值日生话题时，他们分析了哪些事情需要值日生管理，哪些事情不需要值日生管理，以及怎么分配值日生工作，怎么执行，等等。孩子们自己提出了想法，进行值日生主题环创设计，并选择在洗手间门口的墙面位置进行呈现。这种由师幼共同参与的环境创设，激发了孩子的主动性，提升了互动的长期性和有效性。

（2）以幼儿为主体进行的环境创设操作

这是一类教师完全放手，让幼儿作为环创主体进行的环境创设。我们会有意空出一块墙面或空间，由孩子自己创设，并慢慢填补与丰富。比如：春天的时候，他们在美工区中创作了作品，进行了设计排版，虽然是由老师帮忙贴上墙面，但是整个设计与呈现都由幼儿自主完成。这种以幼儿为主体的环境创设不仅增加外显的互动，也支持了孩子与环境的内隐互动。这种互动来自幼儿的内心，来自他们对这块墙的期待，是一种带有主动性的互动。

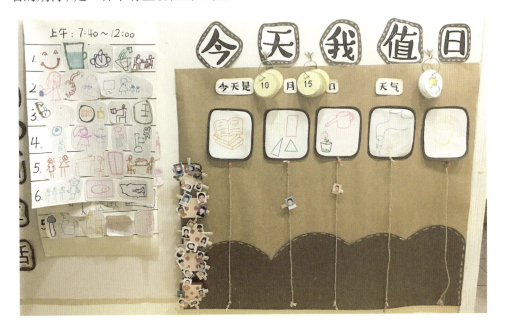

我们对于环境创设的多次思考，是在不断操作、观察、探究中获得的。环创的探索活动力图让环境真实带动孩子们成长，引发孩子们感知观察、探究思考，建立积极的心理状态。

多样环境创设的支持：从激发孩子与环境的互动，到推动孩子在与环境的互动中获得思考，再到孩子成为环境的主人，这是一个不断递进的过程。这些支持充分将环境的作用体现出来。我们所希望的幼儿园环境，不仅让人舒心愉悦，更能够潜移默化地影响处在这个环境中的孩子们。

不
完
美
小
孩

第三章　不完美小孩的故事

　　不完美小孩的故事有很多，每一年、每一季、每一天都在发生。有的故事充满温情，有的故事声势浩大，有的故事一下就能触动人的内心，有的故事要细细品味。不管是怎样的故事，不完美小孩每天带给我们的都是全新的感悟。

▲ 特别的我

每个个体都独具特色。别样的生活经历和环境让人与人之间存在差异，成为一个个"特别的我"。如何理解"特别"？我们曾做过一个关联性调查，请孩子们说说自己的特别之处。调查结果显示：70％以上的孩子觉得自己有一项技能很特别，不到30％的孩子觉得自己身体的某一部分比较特别。这项调查简单直观地呈现了一种真实的现状，即孩子对自我的认识存在片面性。会一种本领或是某一长相特征被他人赞美过，成了他们觉得自己特别的原因。一个人的独特之处不仅仅表现在外在的特征与技能，更多地表现在内在意识、认知、行为、态度等。由此，我们需要让孩子认识到，自己的特别不仅仅因为一项特别的技能、一个特别的部位，还应包括自我的内在特点。所以，在课程设置中，我们有意识地让孩子们从外至内逐渐地了解自己的特别之处。在这个过程中，发生了许多有意思的事情。

1.支持"自我感受"，感知特别的自己

孩子是天生的哲学家，大班孩子经常会提出类似"我是谁？我从哪里来？要到哪里去？"的问题。不管这些问题是出于原始自发的想法还是基于一定的认知基础上的经验重复，值得肯定的是，当孩子提出这些问题时，他们对自我认识有了一定的好奇和兴趣。学前阶段的孩子对于自我的认知处于直观的状态。对于幼儿来讲，感受外形特征是开启自我认知的第一步。

我们不一样

盥洗室里总会有很多有意思的话题值得我们去捕捉。我们发现女孩子们在镜子前会有一些有趣的交流。

嘟嘟说："我长大了要当公主，我妈妈说我有一双大眼睛！"正在洗手的孩子们开始对着镜子观察起自己。"我的眼睛也很大啊，睫毛还很长呢。""我皮肤很白，悠悠的皮肤比我黑。""我是长头发的，但是萱萱的头发好像比我还要长呢！"盥洗室里不知不觉热闹起来。有的孩子伸出手和伙伴比谁的手大，谁的手小；有的站在镜子前观察自己和他人的鼻子和耳朵……你一言我一语，孩子们开始关注自己的外形特征。嘟嘟发起的话题引发了孩子们对五官的关注，他们在借助身前的镜子观察自己五官的同时，还与同伴做起了比较，并在比较中了解人与人之间外貌的不同。他们发现人的眼睛有大有小，皮肤有黑有白，鼻子有挺有塌，手指有粗有细，等等。这些外形差异让孩子们意识到自己与别人的不同，也感受到了自己的特别之处。

在孩子们关注外形差异的时候，班里的一对双胞胎引起了大家的注意。"左左和右右长得实在太像了！""一样高，皮肤差不多黑，连头发都一样。""而且他们每天衣服也穿一样的呢。""是的，好几次我都把左左当成右右了。""是的，他们长得一模一样！"听到大家的

讨论，左左忍不住发声："我们才不是一模一样，我额头上有颗痣，右右没有的。"右右也补充道："就是，而且左左比我瘦，爸爸每次都让他多吃饭！"孩子们在比较和交流中意识到，就算是看起来一模一样的双胞胎，也有他们各自的特点，如一颗不起眼的痣、细微的体重差异，或是声音的微小差别，无不证明我们每个人都不一样！此外，外部特征的差异有时候也是由隐性特征的不同所引发的。正如体重的差异主要是由不同的饮食习惯或其他行为习惯导致的。这是引导孩子由外向内发现每个人不同的契机。

故事随想 孩子们在日常生活中的自我发现和比较都停留在外部特征上。在这样一种自我感觉中，他们感受到了最初始的"特别"是什么。我们不能因为孩子认知的片面性，就急于将一些深入的认知塞给他们。这些对外部特征的原有认知恰恰是我们进一步引发孩子深入认知自我与他人的重要基础和切入口点。孩子们这种直观的自我认知，是认识自我的第一步。

2.激发"自我观察"，发现特别的自己

在认识自我的过程中，很多孩子开始对自己有了或多或少的深入认知，包括对自己的行为表现、思想意识等。由此可见，孩子们逐渐从关注外在特征走向关注内在认知和感受。这些转变外显表现为孩子做某项事情时产生的快乐、自信、沮丧等情绪。当我们发现孩子们表现出的"衍生信息"时，就能更为适宜地引导孩子去发现特别的自己。

我是不是很差劲

在幼儿园大班阶段，很多孩子自发开展合作活动。也许是由某一个孩子感兴趣的话题引发；也许是从主题活动中延伸出来的一个好奇点；也许是他们自己想要尝试、完成的一件事情。由主题活动延伸出来的"做船"活动，就是孩子们自发开展的合作活动，持续开展了很长时间。我们的故事就从孩子们第二次尝试合作做一艘船开始。——和阳阳是此次做船行动中的一组成员，他们都说："我们要合作，还要长时间坚持完成这件事情！"因为都特别喜欢游轮，——和阳阳决定做一艘游轮。他们一起商量，一起寻找做船的材

料，一起制作船，一起搬船下水。可是，当船遇到水的时候，船破了，两位好朋友开始寻找原因，探讨解决的办法。"用什么材料，碰到水不会破呢？"在——还在寻找其他材质的纸时，阳阳搬来了一筐塑料玩具，兴奋地对——说："用这个大积木吧，积木在水

里肯定不会破，塑料不怕水！"——崇拜地看着阳阳，毫不吝啬地夸阳阳真厉害，随后又紧跟着来了一句感叹："我怎么没有想到呢？真是差劲！"在这些活动中，如果我们仔细倾听与观察，就会发现孩子其实已经能够感受到他人的优点，并开始反思自己。孩子不自信的表述是因为他发现自己没有别人所具备的优点与特长，故而产生了沮丧的情绪。像——这样的孩子，他可能根本就没有意识到，能够坦率地接受他人的优点、进行比较、产生崇拜的心理，这本身便是一种"特别"。而教师要做的，便是在观察到这种现象后，把握时机，引导孩子发现自己的特别之处。

于是，在活动后的回顾环节，老师将两位小朋友合作制作小船的照片在电视机上播放，并请两位小朋友说说遇到了什么困难，是怎么解决的。在两位小朋友回忆和讲述后，老师对他们提出了一个问题："在做游轮的时候，你们有发现好朋友特别厉害的地方吗？"——不假思索地说道："阳阳特别厉害，找了碰到水不会破的积木，这样我们的船就可以下水了。"阳阳也夸自己的好朋友说："我觉得——画画特别厉害，我们的游轮设计图纸就是他画的，画得很好呢！"老师继续提问："现在，你能说说觉得自己厉害的地方吗？"阳阳说："我搭积木很厉害，可以搭出桥、汽车，现在船也能搭出来了呢！"——说："我画画还不错吧！"老师也表达了自己的看法："我发现你们都能看到别人和自己的优点，这很不错。"

因为——一句自我否定的话语，老师在自主游戏的回顾环节结合孩子们经历的合作游戏，以提问的方式让孩子们在发现他人特点的同时，也能发现自己的特别之处。因为看到他人的优缺点容易，而看到自己的优缺点却很难。在这次回顾中，我们想要激发孩子"看到自己"的目的达成了，还引发更多孩子意识到，虽然——和阳阳都喜欢游轮（兴趣相同），都愿意坚持合作（个性差不多），但是他们各有所长，有着自己的特点，——擅长绘画（艺术表达），阳阳擅长搭建（空间智能），合作中的他们正是因为发挥了自己的特长，才使得游轮制作成功。对孩子们来说，能正确地了解自己，并且意识到自己的特别，这才是更为重要的！

 故事随想 在各种各样的活动中，我们可以捕捉到很多孩子认识自我和他人的信息。我们在提炼这些信息的基础上要有意识地推动孩子们的认识水平的发展。不管孩子们处在怎样的情绪当中，我们都应该努力关注情绪背后孩子的真实状态，让他们反映真实的想法，并将孩子的真实想法做提炼和分析，引导他们不仅仅看到他人的特点或不足，更应该努力看到自己的特别之处。因此，将孩子们的"自我感觉"提升到"自我观察"，让他们发现特别的自己，这是由外向内的第一步。

3.鼓励"自我分析"，认识特别的自己

每一个孩子都是特别的，但都不是完美的。孩子对自我的认知并不深刻，所以老师、家长便成了支持和帮助他们认识自我、悦纳自我的重要他人。成人需要通过积极正面的引导，鼓励孩子们进行自我分析，给予孩子正确的体验和认知，让孩子感觉自己是集体中的普通一员，但又是独一无二的存在。

因此，我们从儿童已有的自我认知出发，鼓励他们看到自己的外在特征；渐渐通过各种活动激发孩子观察自我，发现自己更多的特别之处。在这个基础上，我们结合孩子们日常探讨的话题或活动，鼓励孩子进行自我分析，全面、辩证地看待自己。

两个辩证的话题

◇关于"会"和"不会"

孩子是很真实的个体，我们常常会听到他们说出自己内心深处真实的感受和想法。正如在晨谈时间里，孩子们在聊关于自己会什么和不会什么的话题。

会	不会
天天：早上来幼儿园玩的时候，我会自己把书包挂好。	多多：我不会自己一个人回家，我不认识回家的路。
跳跳：玩好玩具，我们会自己整理，把正方形和正方形的放在一起。	豆豆：我不会搭建很难、很大的积木，我还没学过。
蒙蒙：我会自己在牙刷上面挤牙膏，刷牙。	业业：我不会骑自行车，因为我还不知道怎么保持平衡。

老师：你是怎么学会这些事情的？

小宝：以前不会擦桌子，尝试后，现在也会了，还很熟练呢！

小弟：以前不会拉拉链，现在我自己试一试，有点会了。

老师：为什么不会呢？

丹丹：因为没有学过，妈妈没有教过我。

丁丁：因为我们还小，还没有长大。

老师：当遇到不会的事情时，你是怎么想的呢？

小苹果：我会找别人帮忙，其他小朋友、爸爸妈妈、老师都可以帮我。

昊昊：我会自己再想想办法。

金刚：现在不会没关系，等我长大一点就会了。

日常生活中孩子们的聊天内容，天真可爱，都是他们内心最真实的体现。他们的聊天内容有时会潜藏一些辩证的思考，他们仿佛一个个小小哲学家。老师会给予孩子充足的时间和空间去探讨，同时适时、适宜地追问一些关键问题，让孩子们进一步思考。看似简单的谈话，实际上有着帮助孩子们正确"归因"的重要作用。诸如"你是怎么学会这些事情的"是在引导孩子发现要学会一件事情是要通过学习、尝试和努力的；"为什么不会呢"是在帮助孩子寻找不会的主客观原因；"当遇到不会的事情时，你是怎么想的呢"是在引导孩子正视自己问题的同时，激发孩子改变想法和行为。一个看似浅层的话题，推动孩子们产生正确的认知和理解。看！孩子们说得多棒：遇到不会的事情可以寻求别人的帮助，也可以自己想办法，还可以慢慢等待。

◇关于"害怕"和"勇敢"

生活中有很多事情会让自己的内心产生勇敢、自信、害怕、失落等情绪。我们是否只需要积极的情绪，不需要消极的情绪呢？对于孩子来说，并不是这样。积极或消极的情绪都有它存在的价值。在一次防震演习中，孩子们就"害怕"与"勇敢"的话题展开了讨论。

害怕	勇敢
金刚：独自一个人时就会害怕。	益善：勇敢就是自己坚强地做一件事。
苹果：因为身边没有亲近的人，所以害怕。	淘淘：勇敢就是能够大胆地做一件事。
DD：害怕一些英雄为了救人而死掉。	乔治：勇敢就是自己一个人面对一件事。
鹏鹏：我害怕发生地震、台风和火灾这些灾害。	豆豆：勇敢就是大胆做自己原本不敢做的事情。

老师："再次遇到你害怕的事情，你可以怎么办？"

心心：小心一点，避免摔跤，摔了就勇敢地爬起来。

然然：勇敢地对自己说我不怕。

朵朵：学习很多防震知识，如果危险真的来了，我们也能更好地保护自己！

"害怕"与"勇敢"是对立的，孩子能坦率地说出自己害怕的事物，意味着孩子能真实、坦然地面对自己的胆小与脆弱，这也是一种勇敢的表现。孩子在与同伴的交流中发现害怕是人之常情，在谈论相关话题之后，老师提的"什么是勇

不完美小孩

敢""再次遇到你害怕的事情，你可以怎么办"两个问题帮助孩子寻求不再害怕的心理建设和行为策略。孩子们在讨论中慢慢感受到：有一些消极的情绪很正常，我们需要找到合适的方式面对它！有了正确的自我认知，孩子们就能更好地去分析和认识不断变化的自己。

故事随想 孩子们的日常生活中，总会充满对立、有辩证意义的话题，我们不要过多地用成人的价值观去判断与引导，而是要倾听孩子们的表达。你会发现不管是积极还是消极的情绪背后，都有孩子自己的理解。所以，我们要做的是将孩子们内心真实的立场展现出来，让他们在感知所谓的"好"与"坏"的基础上，知道应该怎样做出改变和尝试。我们需要让孩子了解和明白，自身的"好"与"不好"都是已经存在的，关键是如何看待，用什么方法来调整。

4.开展"自我评价"，接受特别的自己

心理学家柯里指出，在人们的心理中，自尊或自卑的自我评价意识具有很大作用。由此可见，自我评价是推动个人形成积极或消极心理的因素之一。基于课程实施的长久观察，我们发现自我接纳程度高的孩子往往能够感受到自己的优点，也能接受自己的不足，在对待事物的过程中处于一种积极的状态。因此，形成一种积极、良好的自我认知是重要且必要的，自我评价是实现这种积极状态的重要载体。

每个独特个体的优点与不足是共存的。在生活中，我们要做的是支持孩子进行自我评价，帮助孩子更为多元、清晰地认识和感受自己，从而形成一种良好积极的心理状态。我们要让孩子看到真实的自己，发现自身的优点与特长，积极接纳自我，自信地与人交往，出色地发挥自己的才能。

特点大收集

一次区域活动结束后，帅帅拿着他的自画像跑到我面前，邀我一同欣赏："老师你看，我把自己画成了一只猎豹！"我好奇地问："为什么是猎豹呢？""因为我爱运动，我跑步很快的，猎豹跑步也很快啊，我和它一样厉害！班里面很多小朋友都跑不过我的！而且我觉得猎豹很帅、很酷，我也是啊！"从帅帅的绘画作品和语言描述中，我们发现孩子已经有意识地去发现

自己的特点了，"长相很酷、跑步很快"，从显性的外形特征到内在的兴趣爱好，孩子逐步提升自我认知水平。这些评价是孩子认识自己、肯定自己的重要体现。所以，通过这样一种对自我特点的收集和评价，是否能让孩子对自己的认识更进一步？基于此，我们开展了一次集中大调查，让孩子画画、说说自己的特点（优点）。我们支持孩子们在不同时间、不同活动中进行表达，捕捉孩子对自我的认识与评价。当然，孩子们除了评价自我，还能倾听他人对自己的评价和建议。这个过程中，我们更多地鼓励孩子"自我欣赏"，帮助他们发现自己的优点，不断增加孩子的自我肯定与成功感。在这个活动中，我们感受到孩子对自己有了新的认识。如婷婷平时总是表现得很内向，不太会展现自己。这次，她这样评价自己："我在挖土造池塘的时候很认真。"确实，认真、专注、坚持正是婷婷的优点，而她也看到了自己的优点。锐锐评价说："我下棋的时候是很好的，就是平时脾气会有点急。"看，孩子对自己的评价渐渐客观了。我们相信认识是接受自己、改变自己的第一步。

不完美小孩

故事随想　自我评价是对自我的认识，是对自己的一些想法和行动的反思。正确认识自己，对孩子的成长有重要作用。它可以让幼儿在自我评价中树立信心，在自我体验中享受成功，在自我调节中增进交往。虽然正确认识自己很难，但可以通过自己的努力去一点点发现、接受。自我评价让孩子们在日常生活中认识自己，在评价中反思自己的行为、态度，在接受自己的同时，尝试调整自己。这就是，做更好的自己！

走进我的小世界

孩子们的世界色彩斑斓。他们对世界的情感是丰富的。也许是拥有一场花瓣雨的满足快乐，也许是对蝴蝶与金鱼离去的难过，也可能是对潮湿地上一个个小土丘的好奇……自然万物在他们的"小世界"中占据着重要的部分。当然，在他们的世界里，一直陪伴他们的亲人、共同成长的小伙伴、生活周围的人文环境等也是很重要的。孩子看待事物和他人的眼光和角度与成人是不一样的，他们有自己独特的视角和感受，周围环境中的人或物都有可能引发孩子们的思考与探索。孩子在与环境的积极互动中丰富对世界、自我和他人的认识，在观察思考、体验反思中，体验成长的点点滴滴。

1.小世界里的奇趣惊喜

孩子们对于世界的感知比成人多了一分好奇，也许是因为这一切对他们而言都是新鲜、陌生的，也许是因为他们心中有着对一切事物刨根问底的本能渴望……所以面对周围环境中的事物时，孩子们始终会用自己独特的视角去观察事物、发现问题、尝试探究、解决问题。看着孩子们的"一举一动"，你会发现他们的世界里充满了各种奇趣的小故事。

（1）走进孩子的小世界，那里有他们的惊喜与发现

孩子们的小心思是藏不住的，他们总会天真地、毫无顾忌地说出自己内心的想法和感受，正因为这样，我们可以感受到孩子们真实的内心世界，找到靠近孩子、走进他们内心的入口。让我们一起感受孩子的心情和感觉，听听他们的话语，看看他们的世界。你会发现在孩子们的小小世界里，有着那么多有趣的事情，处处充满着让你意想不到的惊喜！

四棵橘子树

户外活动的时候，我们总会看到许多孩子在花草树木旁驻足观赏、交流分享。他们交流的主题也许是可爱的动物朋友，也许是一草一木……孩子们总会有自己的视角和发现。老师也总会带着孩子们来到户外，鼓励孩子们听一听、看一看、摸一摸、闻一闻！每当这个时候，孩子们总会有不同的发现，产生新的话题。宽宽说："圆圆你看，这棵大树好像长了眼睛！""哇，真的！""这棵大树也有眼睛，1只、2只、3只，好多呢！"另一边，KK、航航等几个小男孩围着一棵大树有说有笑，原来他们在树干上发现了一个个小洞洞，洞洞里时不时还有小虫出没，男孩们索性给洞洞取了名字，称为"虫虫宾馆"……愉悦放松的氛围让孩子们有各种各样的"惊喜"。只是在树干上，孩子们便发现了成人未曾注意到的许多有意思的小秘密。其实，孩子也在带着我们打开新世界的大门，让我们不只是着眼于习以为常的事物。我们常说孩子是天生的艺术家、哲学家，他们还是天生的发现者、创造者……

除了树干上的秘密，最让孩子们关注和感兴趣的，莫过于幼儿园里那四棵每年都能结出一大片黄灿灿果实的橘子树。

"哇，这棵橘子树有刺。"

"这棵橘子树就没有！"小麦的发现引来了小朋友的围观。

"为什么它和别的橘子树不一样呢？"

"这里以前肯定埋着一只刺猬，刺猬身上的刺发芽就变成了这样。"佑佑说。

兰兰说："大概是因为橘子树还小吧，不想被人吃掉……"

毛毛说："我想也许是为了保护自己，不让小偷和小动物靠近吧……"

孩子们的聊天内容是那么有意思，他们的答案里藏着天真、带着好奇。他们不仅有着发现"新大陆"般的无限欣喜，还有着分析问题时"有理有据"的猜测。这种只在孩子的世界里才会出现的交谈，让我们不由自主地就想保护他们的这份好奇心，也让我们想要顺着孩子们的视角去探寻他们眼中的世界。

于是，老师带着孩子们聊起这个他们感兴趣的新鲜有趣的话题。在聊的过程中，大家开始共同协商设计一些调查表。之后，他们围绕自己想知道的内容进行调查交流。他们发现了橘子树的刺和树的品种有关，还分享了自己知道的带刺植物以及对刺的作用的理解，如：仙人掌的刺是为了保护自己身体的水分进化而成的；有的植物长刺是为了保护自己不受害虫的侵害……这些由橘子树上的刺引发的好奇，给孩子们带来了更多的发现。他们面对事物会有不同的视角，而我们需要做的就是走进他们的小世界，尊重他们的想法，倾听他们的表达与发现，支持他们根据自己的兴趣用适当的方式去观察、发现，帮助他们梳理经验，增进他们对周围事物的感知与认识。

秋天过后，挂在橘子树枝头的果实显得丰硕饱满。无论哪个班级的孩子，散步路过时，总会不由自主地喊道："好多橘子呀！"是呀，这几棵橘子树在温暖阳光的照耀下，折射出的金黄色是那么夺目又柔软，仿佛此刻全世界最温暖、幸福的角落就在这里。孩子们早想一展身手，收获果实，奈何橘子树实在太高，老师就算伸手踮脚也摘不到。"想要顺利采到橘子，或许我们需要一些材料，可是需要什么材料呢？"老师引导孩子们分小组讨论。点点说："我觉得需要一个高高的梯子。"笑笑说："我想准备一个钩子。"小浩说："我觉得需要一根长木棍。"……

　　孩子们抱着极大的热情，想方设法从家中带来一些材料。有的孩子带来木棒，有的孩子带来篮子，有的孩子带来钩子……约定好的采摘日到了，孩子们带上工具跑到橘子树下开摘。他们发现，橘子树比预估的还要高。然然爬到梯子的一半伸手摘的时候，发现手离橘子还有好长一段距离。她紧张地继续往上爬，直到爬上梯子顶端，才伸手摘到橘子。那一刻，她原本紧张的小脸绽放出灿烂的笑容。就这样，有的孩子轮流爬上梯子伸手去摘橘子，有的拿着大桌布在大树底下接橘子，还有孩子拿来一根木棍站在高处敲打着树枝……抱着一筐筐自己亲手摘下来的橘子，孩子们满是开心兴奋的模样。

　　故事随想　孩子因好奇去认识世间万物。仔细看一看孩子们的小世界，你就会感受到他们的智慧、勇气和能量。他们从带刺的橘子树发现更多带刺的植物。在采摘过程中，他们通过实践获得相关经验。有的孩子发现即便有了大梯子，还是会因为身高的原因摘不到高处的橘子，这个时候他们想到让个子较高的小伙伴试试；有的孩子发现手臂长度有限，即便用剪刀也还是碰不到橘子，这个时候，他们想到用钩子摘橘子；还有孩子发现木棍虽然很长，但是很难对准橘子，就算打中掉落下来，橘子也可能会摔破……孩子们有无穷的智慧，而这恰恰是由他们对世界的好奇与发现所激发的，这些都值得我们珍视！

（2）走进孩子的小世界，那里有他们的失败和成功

好奇心萌发之后，就会带来想法和行动。孩子们想到什么就支持他们去做吧，不管成功还是失败，行动的过程总能够给大家带来惊喜与收获。

来张乒乓球桌

连续的雨天，让大二班的孩子们有些不耐烦。他们开始琢磨在室内有限的空间里可以玩哪些游戏。一个孩子提出的玩乒乓球的想法得到了伙伴的支持。大家认为要玩乒乓球，教室里必须得有一张乒乓球桌。于是，大家将目光落在了美工区的美工桌上，那兴奋的模样告诉我们这张桌子的高度和大小作为乒乓球桌是极其完美的。顺应孩子们的需求，我们将美工区稍微挪个地儿。于是，美工区宽敞的空间变成了运动的空间，美工桌也变成了乒乓球桌。不过，孩子们还不满意，他们认为乒乓球桌应该有乒乓球桌的样子，桌面得是蓝色的，球桌边上、中间要有白边。大家看了看教室里的材料，发现可以用蓝色KT板加上双面胶来改造美工桌。这样一来，一张看似完美的乒乓球桌诞生了！

只是孩子们没有想到，乒乓球在KT板铺成的桌面上竟然弹不起来！我们原以为孩子们会为此感到失落和丧气，但事实并非如此。相反，孩子们抛出了更多的问题："为什么我们的乒乓球桌

没有弹性？什么东西有弹性？"带着这些问题，孩子们和老师，以及爸爸妈妈们研究起来。在谈论中，我们讨论了什么是弹性、哪里需要弹性、什么东西弹性最大等话题，还设计了一些弹性小实验，由一个想法引发一个问题，由一个问题引发一系列行动，由一系列行动引发对一个现象的较为全面的认知。

另一边，在没有弹性的乒乓球桌上，孩子们依旧玩得很兴奋。他们自创了很多新游戏和新玩法。比如在球桌上进行接滚乒乓球的游戏，随后又对游戏进行了升级，投掷接滚，看谁能接住所有投过来的球……这个具有挑战性的游戏，孩子们玩得乐此不疲。乒乓球桌的用途虽然与刚开始设想的有些偏差，但是孩子们的快乐心情和成功感、满足感一点儿也没少。

故事随想 孩子们的想法很简单、很直接，他们的行动也是如此。从想要一张乒乓球桌，到寻找合适材料，再到发现和分析问题、解决问题，孩子们始终能找到自己的乐趣。即便无法按预期想法进行游戏，他们也没有呈现出消极的状态，相反，每个人都积极思考并进行实践。面对问题，孩子们的办法总是比困难多，也许有些想法在成人看来有些不现实、幼稚，但是，孩子们将自己的想法付诸实践，获得新的发现和体验的过程正是主动学习的过程。通过实践得到的感悟往往会让孩子的印象更加深刻。

（3）走进孩子的小世界，那里有他们的探究和执着

孩子有一颗喜欢尝试和探究的心。孩子们作为活动的主人，总是充满想法，对一些现象总是会忍不住产生疑问，他们会猜测并执着地去验证答案是否如自己所想的那样。于是在反复实践、尝试与探究中，孩子们的情感得到了满足。

疯狂的大蒜

自然角是幼儿园里几乎每个班级的常设区域，孩子们在这里种下自己喜欢的瓜果蔬菜，在闲暇时间里照顾和观察它们，得到收获。中三班的孩子们和老师们经过商量讨论，决定在他们的自然角种植大蒜。学期初，孩子们从土培、水培两种方式中选择自己感兴趣的方式种下大蒜。没过多久，大蒜就开始发芽生长。过了一段时间，大蒜叶就长得很高很长，蒜叶牵拉下来，看起

来乱乱的。如何整理自然角，让它看起来干净、整洁些？有的孩子说把大蒜叶剪下来炒了吃掉；有的孩子不舍得，担心大蒜叶被剪了以后就不再长出来。那么大蒜叶剪了还会再长吗？孩子们决定做个小实验去寻找答案。他们将长高的大蒜叶小心翼翼地剪下来，整理、清洗之后请食堂叔叔帮忙做成了可口的菜品。吃到大蒜叶的那一刻，孩子们的内心是激动兴奋的，就连平时不怎么爱吃饭的孩子都很快地吃完了这顿午饭。然后，他们满心期待大蒜叶能够再长出来！

　　孩子们每天观察大蒜的变化。很快，大蒜叶又长了出来。孩子们依旧小心翼翼地将它们剪下来。虽然每剪一次，大蒜叶就会生长一次，但是孩子们发现新生长出来的蒜叶一次比一次细。就这样，他们之前的小小疑问，随着一次次的尝试与观察，得到了答案。孩子们感受到经过一次次的"收割"，疯狂的大蒜也有停歇下来、生长不动的那一刻，或许它们的营养和能量已经用完了吧。

　　故事随想　孩子们通过探究对自己的猜想进行了验证，不仅收获了用蒜叶制成的可口菜品，而且得到了情感上的满足，收获了惊喜与快乐。因为这是孩子们真正感兴趣的东西，所以他们能够围绕这个话题反复主动尝试。在这个过程中，孩子们有疑问，有猜测，也有表达，教师通过聆听和解读孩子们的对话，和孩子们共同探讨、协商，陪伴孩子们一起研究他们感兴趣的事儿，满足了孩子们的需求。

　　孩子们的小世界中，好奇的想法千千万万，有时候可能涉及一个无比复杂、庞大的问题；有时候也可能像"疯狂的大蒜"一样常见和简单。无论是哪一种，我们都要认真对待。不能因为孩子们的一些疑问在成人视角下是简单的认知问题而忽视。所以，放手让孩子们自己去尝试和探究吧！那些看似简单的问题，或许正是孩子们自我独立、探究学习的重要部分。这个时候不需要成人插手，孩子可以通过自己的探究完全独立地发现事情的真相并得到结果。

2.小世界里的温暖和爱

渐渐长大，孩子们开始和更多的人产生交集、进行互动，比如一起生活的家庭成员、一起学习游戏的老师伙伴、共处同一空间的其他人等。孩子们在和其他人密切交往的过程中逐步感受着人与人之间的关系，体验着丰富的情感，或许有烦恼困扰，但更多的是无限的温暖和爱。

（1）孩子的世界里，有属于自己的重要家人

亲人陪伴着孩子成长，他们与孩子之间的紧密关系是那样特殊又自然。孩子们在内心世界中，对家人会有不一样的感受和看法，有时候是依赖和崇拜，有时候是不满与抱怨……无论抱有哪种情感，家人始终是孩子小小世界中不可或缺的存在。

我心中的C位

从孩子在妈妈肚子里那一刻开始，他就和家人之间有了最亲密的关系。家庭成员对孩子的爱藏在可口的饭菜里、藏在动听的睡前故事里、藏在与孩子深情的拥抱里……在无私的爱的滋养下，孩子们慢慢地茁壮成长。年幼的孩子对妈妈总会有一份特别的依恋。在孩子的眼里，自己的妈妈是世界上最好的妈妈。相处过程中，妈妈的一言一行影响着孩子的情绪感受。

◇我的妈妈

臭妈妈和香妈妈的故事

小班的一个孩子在班级区域里绘画时，用黄色、黑色在纸上进行涂鸦。"你画的是什么呀？"老师询问。"我画的是一个臭妈妈。""为什么要画臭妈妈呢？""就是臭妈妈，不喜欢！"第二天区域活动的时候，这个孩子

又在画画，看到老师走到身边，他主动表达："这是我的香妈妈！"老师看到的是一个色彩和轮廓都非常鲜明的人物头像。在这个事件中，我们可以发现妈妈引起了孩子的情绪变化，成人的态度和亲子关系直接影响孩子的情绪。

在生活中，绝大多数妈妈能意识到积极情绪对于孩子的成长和发展具有促进作用，但是妈妈和孩子的关系会因为种种原因出现一些不太理想的状态。因此，在课程实施过程中，我们聚焦孩子所处的家庭生活环境，鼓励妈妈对孩子的发展进行纵向比较，将孩子当下取得的进步记录下来，为孩子点赞。妈妈们纷纷展开行动。小班的一位妈妈持续关注孩子情绪调节的问题，并将孩子的具体表现用写故事的形式进行记录；大班的一位妈妈则挖掘孩子表现中的亮点，并通过点赞的方式直观呈现孩子的点滴进步。妈妈们会有意识地去引导孩子形成和巩固好的习惯、纠正小错误。一段时间后，妈妈们明显感受到，虽然孩子对某些事情表现得并不太热心，开点赞会的时候也会有意无意打岔，但是孩子对父母说过的话、点过赞的事情会特别留心，进步很大。在这样的氛围下，孩子们充分感受到妈妈的爱，能具体表达自己对妈妈的情感，比如："我的妈妈会陪我去想去的动物园玩，我爱我妈妈。""我的妈妈会陪我一起看书，我觉得这样的妈妈最棒。""我的妈妈会做饭，特别好吃。""我的妈妈很好，她非常勇敢，会保护我。"……正如孩子所言，妈妈的爱是陪伴，是付出，也是给予，带给孩子的是快乐，是安心，也是幸福。

◇我的爸爸

如果说妈妈的爱如流水般温润，那么爸爸的爱则更加粗犷深沉，两者的表达方式不同，孩子的感受也自然不同。我们都知道爸爸对孩子的成长有着重要的影响，然而我们发现孩子的教育和护理多由妈妈承担，爸爸承担得相对较少。因此，我们充分挖掘爸爸资源，让孩子们有更多感受爸爸的爱和魅力的机会。幼儿园里组织成立"爸爸团"，爸爸们可以将自己感兴趣或者擅长的本领和孩子互动分享，丰富孩子的学习，拓宽孩子的眼界，如：足球教练爸爸来到幼儿园和孩子们一起练习踢球，为在区级比赛有更好的表现共同努力；养龟爱好者爸爸带着一群小乌龟让孩子们观察、辨认，丰富孩子们对龟类的认识；牙科医生爸爸向孩子们讲述爱护牙齿的重要意义，鼓励孩子们进一步做好个人卫生；武警爸爸带领孩子们一起学做小军人，培养爱国情怀；

等等。幼儿园的一些大型活动也会开设爸爸专场，让爸爸们有更多的机会参与孩子的成长过程。如六一儿童节前，我们通过访谈了解到孩子们对身边的一些物理现象充满兴趣，于是庆祝节日时，我们组织策划了科学畅想季活动，邀请志愿者爸爸和小朋友们一起做好玩的科学小实验。再如冬季幼儿园开运动会时，我们组织了亲子运动项目，设置了考验爸爸力量和亲子默契度的游戏。孩子和爸爸手拉手挑战不同的运动游戏，既弘扬运动精神，锻炼了身体，又在和爸爸一起游戏的过程中，增进了与爸爸之间亲密的情感。

◇重要的祖辈

家庭中，老人往往在生活上给予孩子无微不至的照顾，对孩子较为宠爱。在日常谈话中，我们可以从孩子们的话语中感受到祖辈在孩子们心目中的重

要位置："爷爷奶奶会把家里打扫得干干净净，我觉得他们很棒；爷爷奶奶喜欢运动，喜欢探险，很厉害；他们会把衣服洗得干干净净，还会做可口的饭菜；他们会教我各种各样的本领，我爱他们……"在孩子们的心目中，祖辈有各种本

事，非常了不起。孩子们对他们同样有着依恋和崇拜。

大一班的孩子们面对即将到来的重阳节，在老师的鼓励、支持下将自己的想法付诸实践。他们计划了一系列重阳节活动。有的孩子要为爷爷奶奶表演节目，有的孩子想为爷爷奶奶捶捶背，有的孩子想做一份礼物送给爷爷奶奶……经过讨论，孩子们最终决定为爷爷奶奶表演节目、送礼物、陪爷爷奶奶聊天、给爷爷奶奶捶背、邀请爷爷奶奶参观教室。确定方案之后，孩子们开始准备，练习节目，和妈妈一起准备礼物，分工整理教室……重阳节到了，孩子们为爷爷奶奶表演节目，陪爷爷奶奶聊天，带领爷爷奶奶参观教室，热情满满地介绍自己生活和学习的情况。孩子们用自己的方式，和祖辈们共同度过了一个美妙而又难忘的节日。

故事随想 无论是爸爸妈妈，还是祖辈们，孩子们内心能够清晰地感受到每个家人在他们心中的重要位置。除了感受他人带给自己的关爱，也需要适时表达自己的情感。只有这样，孩子才能更好地与他人进行沟通。所以课程实施过程中，我们鼓励孩子表达自己的感受，说出自己的心里话，支持他们精心策划，带给关心他们的人一份惊喜和温暖，使他们成为一个独立、完整的人。

（2）孩子的世界里，有独一无二的特别的人

幼儿园和社会是孩子生活环境的重要组成部分。除了家人、亲戚之外，同伴和老师也是幼儿生活中的重要他人。在每天的生活、游戏中，孩子们彼此间建立起了亲密的关系，每个孩子心中对同伴、对老师会产生一种特别的情感。

我的同伴和老师

◇我的同伴

因为年龄相仿、心智发展阶段相同，孩子们在一起时会有很多共同话题。幼儿时期恰是孩子需要玩伴的时候。同伴交往不仅能让彼此之间的情感得到

升华，还是促进孩子全面发展的重要途径。

渐渐长大的孩子会在日常生活中有意识地关注他人对自己的评价，特别是同伴对自己的评价。所以，我们设计呈现专属孩子的个性手册，帮助孩子们感受自我、感受他人、提升自我认识。每本手册里呈现的内容都是孩子互动后的体会和评价。可能是感谢，也可能是建议。孩子在接收各类信息的过程中不断反思自己，争取做得更好。如某天的点心时间里，潇潇给菲菲拿了草莓，并放在她的位置上，菲菲很开心，于是在手册上画了一幅对潇潇表示感谢的画；再如某天区域活动的时候，好朋友安安和笑笑发生矛盾，安安大吼大叫地追着笑笑跑，笑笑心里很害怕，于是在纸上画了一幅图，希望好朋友安安下次不要这样大声尖叫……

孩子们在与同伴的互动中成长！

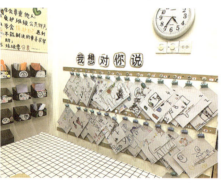

◇我的老师

在孩子的生活中还有一个重要他人——老师。老师的态度、举止行为对孩子有着重要且深远的影响。就像绘本《我家是动物园》里的故事一样，我们的幼儿园也像一个动物园，每个老师都有自己的个性特征。

如蘑菇小队的故事里，孩子们外出散步时惊喜地发现橘子树下长了几朵蘑菇，自由发起了一场对话。J老师看到后加入孩子们的对话，也提出问题，引发孩子表达对毒蘑菇的认识与判断。随后，J老师还组织孩子们深入探究，支持孩子进一步获取有关知识，支持孩子寻找合适的地方种蘑菇，发现蘑菇生长环境的特征，等等。在这个事件中，孩子们对J老师的感受是：J老师很聪明，她什么都知道，什么问题都难不倒她，就像猫头鹰一样。

不完美小孩

再如"大蛋糕"项目活动中，当孩子们提出想在宽敞通透的教室里进行创作后，Q老师和孩子们讨论决定做一个超级无敌的大蛋糕。制作过程中，孩子们遇到了许多问题，每次请Q老师帮助时，Q老师总是有很不错的建议。孩子们对Q老师的评价是：Q老师就像海豚一样，非常有想

法，不管遇到什么困难都有办法。除此之外，幼儿园里还有像兔子一样爱蹦跳的Y老师，像长颈鹿一样高高的P老师，像百灵鸟一样有着动听歌声的Z老师……

孩子们对老师的评价是他们内心世界中老师们真实的模样。这些气质不一的老师带着大家感受生活、感受学习，在游戏中体会快乐，在好奇中探寻秘密！日常相处的点滴，让孩子们对老师的感觉各不相同。

故事随想 孩子的内心世界纯真多彩、温暖有趣。日常生活中的点滴事物组成了孩子们真实的生活环境，孩子们通过与环境互动，多元地感受和发现世界的点滴；在和不同人群交往的过程中，感受不同的情感，丰富自我，调整自己，优化自己……而我们需要做的，就是尽可能地走进孩子的小世界，接纳孩子的视角，支持孩子的想法，陪孩子一起创造乐趣、发现辨识、体验探究，让他们成为更好的自己。

▲ 合作进行时

我们常跟孩子们说："要学着合作！"那么，什么样的状态或行为才能称为合作？合作的意义和作用是什么？建筑区里，孩子们正热火朝天地搭建着。他们要搭建的是地铁，经历了很多次倒塌后，地铁终于粗具雏形。即将完工的时候，突然

有一个罐子倒塌了，看到辛苦搭建的地铁又倒了，纽纽懊恼地说："哎呀，太难了吧！"说完，她丧气地跑到建筑区的角落里。瞳瞳上前安慰她说："不要放弃，兄弟姐妹们一起加油，我们再搭一遍。"接着，卡卡马上去材料区搬来了好几个罐子。大家再次一起把罐子竖起来，又把纸盒放上去。地铁终于完成了！游戏中，瞳瞳安慰，卡卡搬材料，大家一起搭建，合作行为就这么自发产生了！随着年龄的增长、活动需求的增加以及自我认识的深入，孩子们在互动中自然而然出现了许多合作行为。

在"不完美小孩"的课程理念中，学会合作是孩子们成长必经的六件事之一，这是遵循孩子成长的规律、跟随孩子成长的脚步所设立的。孩子们最初的活动形式是相对单一的个体行为，他们喜欢独自游戏，不太需要和他人合作。慢慢地，孩子和周围的人与事发生关系，互动给他们带来愉快的体验，也让他们慢慢意识到人与人之间的互动是那么重要。孩子们从对"我"的认识上升到对"我们"的需求，表明他们的合作意识逐渐清晰，合作需求逐渐增强。基于此，老师可以提供更好的支持，帮助孩子们提高合作能力。

合作，是两个或两个以上的个体为达到目标而协调活动，以促进一种既有利于自己又有利于他人的结果出现的行为。在幼儿园里，孩子们的合作行为常常发生，几乎每一天我们都能观察到不同的合作故事。

不完美小孩

1.出现困难和需求的时候，是合作的开启

在孩子们的小世界中，他们会"自言自语""自导自演"。渐渐地，他们长大了，与人互动的意愿愈加强烈，也更期待得到他人的回应，希望自己的活动得到他人的支持。

一个人完不成的事儿

◇一个人的失落

点心时间，孩子们陆续吃好点心，三三两两在一起看书、玩玩具、画画……突然桌面玩具区传来一阵抽泣的声音。看到正在搭"猴子乐园"的林林满脸委屈、伤心地哭着，老师赶紧关心道："林林，你怎么了？""没有人跟我玩，"林林边哭边说，"我找不到朋友！"原来如此，老师连忙安慰她："没关

系呀，我们可以一起去找个朋友玩！"于是，老师陪着她去找朋友。他们先找了小游，可是小游还在吃点心，又去找了清清，清清听到林林邀请他一起玩玩具，很爽快地答应了。两个人围在桌子边上，把一个个零件拿出来进行拼搭。林林不哭啦！

一个人从出生开始就必然会和他人发生联系，两三个月大的婴儿都有和成人互动的需要，幼儿园的孩子们当然更渴望和他人的互动。林林因为没有同伴和她一起玩而表现出了明显的低落情绪。她有交往的渴望，可是缺乏交往的技巧，只能通过哭泣表达自己的诉求。老师觉察后，安慰林林，舒缓她的情绪，并鼓励和陪伴林林寻找玩伴，满足林林和同伴交往的欲望。有的孩子能力弱一点，需要成人助推才能实现目标。当然这不意味着孩子得到一次鼓励和帮助就会马上掌握与他人交往的技巧，相信通过多次的体验，孩子的交往能力会慢慢变强。在从个体意识到群体意识的发展过程中，当交往需求产生时，有的幼儿能很快实现交往目标。

◇你和我，"一个人"

孩子是独立的个体，可很多时候，他们也会意识到自己无法完成所有的事情，他们需要别人的帮助，他们也可以去帮助别人！

今天，孩子们要分组进行多人合作活动。游戏内容是"一组人变一个人"。每个人分别躺在一张大纸上，由同伴描画其身体某个部位的轮廓，最后把各部分轮廓拼起来，组合成一个新的"人"。其他几个小组很快就描画好了身体，开始把身体部位剪下来重新组合。可是，小黄鱼组却迟迟没有开工，原因是左左不肯躺下来。他甚至还躲到后面说："我不要画。"小游安慰他说："这个一点都不怕的，就躺下来。"大家都来劝他，可是左左说什么也不肯。最后楷文先躺在纸上说："先画

我吧，左左你看看。"很快，几个小伙伴的身体部位都画好了，就差左左了，大家都等着他，可是左左还是鼓不起勇气："我不敢……"这时楷文挺身而出说："那就画我的身体吧。"最后，这个新组成的"人"有楷文的两个身体部位。后来进行拼贴和装饰的时候，也许是感受到同伴的鼓舞，左左非常积极地参与新"人"的装扮。

在人与人的互动中，合作是非常重要的事情。对孩子来说，合作活动的体验、合作能力的培养是必要的。老师正是因为意识到了这点，所以有针对性地开展合作类的活动。在制作"人"的过程中，左左的退缩让小组合作出现了问题，活动无法进行。这时同伴安慰劝说、楷文替代游戏都在尝试解决这个矛盾，让活动走出困境，顺利进行，孩子们成功了！面对不那么愿意配合的左左，孩子们并没有逃避。左左没有克服心理障碍，没参加画轮廓环节，但是他在后期装饰的时候特别卖力，以此感谢前面同伴的帮助，这其实也是一种合作。你帮助我，我帮助你，我们一起完成目标。在这个合作过程中，孩子们感受到你有困难我来帮，我有能力帮大家，相互帮助和配合才能完成任务，实现目标。

故事随想 孩子们有困难和需求的时候，既是合作的契机，也是合作的开端。在以往的活动中，孩子们更多享受着一个人活动的乐趣，"我"得到了表扬，"我"完成了一个作品，"我"玩到了特别好玩的游戏……而对于"我们"的成功体验则相对较少。与人互动合作是成长的需要，也是幼儿未来需要掌握的必备能力，我们要尽量让孩子当下的生活和未来的生活发生联系。幼儿有合作的需要，可是还没完全体验到合作的快乐时，老师可以通过适时地设计活动、提供支持，让幼儿感受合作所带来的成就感。当幼儿有了这样的体验之后，他们就会享受并乐于尝试更多的合作。

2. 不断协商和反复调整，是合作的常态

合作意味着大家为了实现一样的目标，每个人都必须付出努力。一个人的力量是微弱的，只有大家齐心协力才能达到目标。孩子们并不一定明白这一点，他们要在真实的场景中感受，而老师需要发现并支持孩子们去体验。

制作"友谊之山"

　　在关于"朋友"的主题活动中，孩子们想制作"友谊之山"，那么用什么材料？材料哪里来？具体怎么做呢？活动前孩子们进行了讨论。通过讨论，大家决定用纸箱来制作。但是，怎么收集纸箱呢？孩子们纷纷贡献自己的想法，有人说买东西的时候把纸箱收集起来，也有人说在幼儿园里找找看。后来孩子们真的在幼儿园里找到了纸箱，大家一起搬了好几个纸箱回到班级，开始探索"友谊之山"的做法。KIKI说："不能把纸箱放上去，一碰就会倒下来。"丞丞说："把箱子一个个粘起来再放上去就会很牢。"嘟嘟说："我们可以用固体胶、双面胶，还有老师的胶枪，把纸箱粘上。"做好准备之后，"友谊之山"动工了。很快孩子们又发现"山"立起来不是很稳，大家决定把底座加

一起商量去哪里找纸箱

合作叠放纸箱

完成"友谊之山"

宽，然后往上叠加箱子。最后孩子们还一起给"友谊之山"刷颜色、做装饰。"友谊之山"在孩子们的努力中逐渐完工。

　　尽管大家一开始并不顺利，做了好几次调整，但孩子们没有放弃，最后成功了。老师在这个过程中给予孩子们适度的支持，让孩子们自己开展讨论，进行尝试，在碰到问题时，将解决问题的选择权交给了孩子们。孩子们通过参与活动，亲眼见证、亲身感受了合作的"魔力"。当孩子们拥有了合作的成功体验后，面对更多需要集体协作的活动时，就能更好地投入其中。

 故事随想　通过合作可以实现优缺点互补，共享彼此的智慧，将问题解决。但是，并不是所有的孩子生来就会合作，每个孩子的合作能力有强有弱，而让每个孩子相互认同是合作的重要基础，因为认同了才会愿意配合，才能协调合作。这些意识都是他们在活动中逐步产生的。合作并不总是一帆风顺的，当合作产生问题时，以怎样的态度对待他人的想法，用怎样的方法处理，是教师在幼儿合作的过程中更应该关注的。

　　合作能力的重要性已无须赘述，教师更关心的是幼儿是否有合作意识以及他们的合作能力究竟如何。合作是幼儿建构完整自我的方式之一，这是一种意识，也是一种行为。怎样将意识转化成行为是需要教师考虑并支持和引导的。从实际情况看，合作有很多类型和方式，大家一起为一件事情付出努力是一种合作；取长补短、相互协调是一种合作；互相帮助也是一种合作。教师要通过提供支持，让幼儿在不同的合作类型中感受合作的力量，最终将合作内化成自己的行为，帮助幼儿在成长的路上，不断发现更棒的自己。

3.主动合作行为，是合作能力提升的表现

　　随着合作体验的增多，孩子们对合作的兴趣更加浓厚，合作的范围逐渐扩大，合作的主动性也在增强。可以确定的是，孩子们的合作行为正在往越来越好的方向发展。这个时候学习小分队以一种充满正能量的方式吸引孩子们加入，让孩子们之间的合作更加自然、常态化。

学习小分队

◇长期合作的"恐龙小队"

小班的时候，孩子们爱上了恐龙。从那时起，他们就开始制作恐龙，从平面的恐龙到立体的纸箱恐龙，从森林中的树、池塘到恐龙的骨架，一直到大班，"恐龙小队"的学习还没有停止。小班的时候，孩子们之间的合作是相对浅层次的，大家只是一起制作一只恐龙，但是更多的时候是各做各的部分。到了中班，他们开始自发确立小目标，活动前同伴间会商量做一只什么恐龙，再一起完成。比如在做甲龙的时候，孩子们提前进行讨论，制作的时候你贴我撕、你剪我贴，配合着完成。到了大班，他们的合作体现出更高的协调性。他们商量恐龙各部分的比例、恐龙和它的"家"的大小如何协调等。每当开展区域活动的时候，孩子们就自发组成合作小组，完成当天自己制订的计划和目标。合作，俨然已经成了一种常态！

在长期观察的过程中，我们看到了孩子们合作行为的特点，合作目标从无到有再到清晰，合作意识从无到有，合作行为从简单的选择到讨论、筛选、

小班：一起做一件事情

中班：你贴我画，互相配合

大班：先分工再行动

肯定。"恐龙小队"的长期合作向我们展示了各个时期会出现的幼儿的合作行为。

◇小区约见会

最近，班级在开展关于"约会"的主题，豌豆、南南计划一起约会，妈妈们参与了他们这次约会计划的制订。孩子们只想到了约会的内容，对于约会计划的具体细节，显然是缺乏思考的，于是妈妈们成了他们这次约会计划制订的引导者和帮助者。在妈妈们的引导下，他们在计划中逐步增加了时间、地点等内容。他们知道了要在双方都有空的时候安排约会。约会计划使孩子们的想法更具有实操性。

在之前的合作中，孩子们的合作对象都是孩子，和认知、喜好相近的同伴开展合作可以让他们共同进步，那和成人一起合作，孩子们的感受会如何呢？豌豆刚开始制订约会计划时，家长并没有直接提醒他应该和同伴一起制订约会计划，而是在豌豆发现问题以后再给予提醒式的支持。孩子能感受到和比自己能力强的人合作可以让合作变得更好。

完成了约会计划的制订之后，孩子们的约会便真正开始了。九九、清清、阳阳是约会组合。周末，在家长的带领下他们来到了浙江大学紫金港校区的草坪上。按照计划约定，他们带上了彩色的垫子、水果、零食、玩具，进行了一场有趣的野餐约会。后来他们还分享了这次约会的情况。清清因为住得最近，所以第一个到。阳阳不知道草坪的位置，问路后才到达目的地。九九因为堵车，所以迟到了。三个人一起在草坪上踢球，发现这里的草坪不适合踢球，因为草坪离河太近了，一不小心就会把球踢到河里，这让他们对下一次约会地点的选择有了新的想法。三个人你一言我一语，大家仿佛看到了他们愉快约会的场景。

在"约会"主题中，孩子们在制订约会计划、开展约会、分享约会等环节始终以小组合作的形式进行活动。在这次合作中，每个孩子都表达了自己的意见，参与了计划的实施，并在整个过程中都很愉快。这次约会对孩子们来说，是一次刺激的挑战，一次成功的体验，一次成长的展现。这次活动中，孩子们的合作能力得到提高，社会交往能力得到发展，情绪情感得到满足。

制订约会计划　　　　　　　　　　　　　　　一起约会

故事随想　以上两个小故事体现了孩子们合作的长期性、主动性。这是孩子们在基于合作的各种活动中慢慢呈现出来的状态。在"恐龙小队"长期合作的过程中，幼儿看到了自己和他人身上的闪光点，看到了双方进步的空间。学习小分队对幼儿的学习能力和合作能力的影响都是积极的，幼儿一起制订计划、分工合作、解决问题、实现目标。学习小分队让合作走向更高阶。在未来的学习中，幼儿通过学习小组学习的机会更多，形式也更丰富。当然，学习小分队会因为学习内容的不同而出现各种问题，教师应该积极引导幼儿解决，真正促进幼儿合作能力的提高。

越来越多的事例告诉我们合作的重要性。教师很难用语言对孩子灌输社会领域的内容，唯有通过实际的活动让幼儿不断体验、感受，最终内化成为自己的一种能力，才能使"不完美小孩"变得更完美！

欣赏你我他

每个孩子都是一座宝藏。他们在用心感悟自己的同时，渐渐地对身边的人与事有了自己的评价。他们发现同伴的成长，发现自己和同伴的不同之处，慢慢懂得每个人都有自己的长处和闪光点，渐渐学会悦纳自我、尊重他人。学会欣赏自我与尊重他人，在孩子们的成长过程中十分重要。孩子在感受自己与他人的过程中，不断提高对事物的辨识能力。

1.欣赏是一种主动的发现

欣赏是一种理解和喜欢，包含了信任和肯定；欣赏是一种激励和引导，可以使人扬长避短，更健康地成长和进步。其实，生活中的每个人都渴望得到别人的欣赏和认可。同样，每个人也应该学会去欣赏别人。孩子是怎么理解"欣赏"的呢？

那些有关"欣赏"的小话题

欣赏是什么？孩子们有着自己的理解。

子曦说："欣赏就是看。"

辰辰说："欣赏是尊重。"

Candy说："欣赏就是看别人身上的优点。"

多多说："欣赏是看到别人做得好的地方。"

子豪说："欣赏就是看喜欢的风景。"

……

原来孩子们对"欣赏"有那么多不同的理解。那什么是欣赏呢？老师对孩子们的理解稍加总结与提炼，原来正是因为有了欣赏，我们的生活才变得如此美好。后续活动中，孩子们进行了讨论与分类。随着讨论的深入，孩子们对"欣赏"这个话题也由从前的迷茫懵懂到愿意主动去和小伙伴聊一聊……

这才发现，原来生活中，我们可以欣赏的事物有那么多，有漂亮的风景、美好的童话、真实的人事物……生活真的挺美好！

在幼儿园中，孩子们都有自己喜欢的小伙伴，他们会交流喜欢对方的理由。在交流的过程中，孩子们对自己有了更加深刻的了解，也发现了同伴的优点。一次餐后活动时，圆圆说："我最欣赏乐乐，因为乐乐体育好，很勇敢。"步步说："我最喜欢可可，因为可可吃饭吃得又快又好。"……孩子们自由地表达对身边最熟悉的小伙伴的赞扬和欣赏，他们在倾听中感知自己和同伴的闪光点。

作为孩子们最亲密的人，爸爸妈妈欣赏谁呢？带着这个问题，孩子们对家长进行了"采访"，了解大人们欣赏的对象。原来大人会欣赏有好习惯和好品质的人。

通过这些谈话活动和亲子活动，孩子们懂得了每个人身上都有值得被欣赏和肯定的优点，要用欣赏的眼光看待身边的人和事，积极、美好、温暖的事物可以让生活变得更美好。

故事随想 孩子们对"欣赏"一词有着自己的理解。从孩子们的表述当中可以感受到他们对"欣赏"一词的概念是熟知的。由此，我们可以带孩子们去真实的环境中捕捉那些值得我们欣赏的闪光点，从不同的角度去欣赏和发现世间万事万物的美好，以此获得更多积极的情感，并转化为自己的思想。在欣赏的过程中，接纳事物的美好，让孩子们内心美好，充满热情、温柔与友善，这将是他们面对未来的重要助力。

2."欣赏"他和"成为"他

结合孩子们对"欣赏"的认识，以及对"欣赏"相关话题的深入探究，我们在日常活动中，融入了与"欣赏"相关的系列活动，产生了一些有意思的对话和小故事。

欣赏谁

提到"欣赏谁"这个话题，孩子们都积极地说着自己欣赏的人。乐乐说："我欣赏花木兰，因为她很有孝心，而且很厉害、很勇敢。"小雅说："我欣赏丁馨宇，因为她漂亮。"隽隽说："我欣赏冰雪女王，因为她会魔法。"嘉豪说："我欣赏孙悟空，因为他会七十二变。"……

活动中发生了一些小插曲。孩子们观看消防员救火的视频，对消防员产生由衷的敬佩之情，有几个小朋友发出了惊叹声："消防员叔叔真厉害！""消防员叔叔很英勇。"可这时坐在一旁的多多说："我不欣赏消防员，消防员的工作很危险，有时候会失去生命。"多多的反对声引起了争议……

多多的观点并没有被大部分小朋友接纳，大家都坚持自己的想法。于是老师问："多多认为生命很重要，不对吗？"孩子们认真思考起这个问题来。瑶瑶说："欣赏就是崇拜的意思，有可以学习的地方，并不一定要你变成他去牺牲。"老师借着这个话题引导孩子们知道生命很重要，既勇敢又能保护好自己会更好！老师让孩子们聊聊消防员叔叔有什么品质值得欣赏和学习。孩子们的思路更加清晰了，表述的积极性也更高了。有的说："消防员有爱心，特别喜欢帮助人。"有的说："消防员很勇敢，不怕困难和辛苦，所以总能成功。""消防员动作敏捷，跑得快爬得高，他们学了很多本领，保护自己，拯救别人。"

 故事随想 一开始，孩子们对是否欣赏消防员持两种意见：一种是欣赏、敬佩，另一种是不欣赏和害怕。欣赏消防员的孩子看到了消防员身上的亮点和值得学习的地方，对于这类孩子的想法我们表示支持。我们计划后续开展与消防员相关的活动，邀请消防员来园和孩子们进行一些互动活动。这样，孩子们能更加直观地表达自己的崇拜之情。不欣赏消防员的孩子觉得生命比其他一切更加宝贵，不赞成为了救火而失去生命。这是孩子内心的真实想法，教师尊重、接纳孩子们的想法，并进行肯定和回应。我们在后续的活动中引导孩子们多了解消防员职业的特性，让他们知道消防员的重要性和所做出的贡献，适时地进行生命教育和安全教育。同时，我们让孩子和家长进行此类案例的探讨，将我们的教育观点慢慢渗透到家庭教育中。这样，家园在教育理念上达成一致，真正实现尊重和接纳孩子。

孩子们的观点值得我们去感受和理解，我们要支持他们逐步形成更为积极的价值观。

3.欣赏可以表达出来

孩子们对周围的人有了更多的欣赏，懂得了每个人都有自己擅长的技能，例如，保安叔叔能够保卫我们的安全，医生阿姨能够教会我们预防各种传染病并及时处理身体上的小损伤，厨师叔叔每天会给我们烧好吃的饭菜……孩子们渐渐对身边的人产生了更多的尊敬之情。除此之外，我们引导孩子用实际行动表达自己的欣赏和感恩，使情感通过实践活动变得更加深刻。

从我做起

◇向身边的人表达我们的欣赏

班级里开展了"大拇指点赞"活动。每周大家会选出一个"点赞小主人"，由"点赞小主人"表达对自己的认识，然后班级小伙伴会送上对他的肯定，爸爸妈妈也会在线送上鼓励。三方评价融合在一起，让孩子体验大家对自己的赞赏、肯定以及关注。老师将三方评价内容以图文方式展现在班级环境中，让孩子们产生满足感。这个活动让每个孩子都有机会成为焦点人物，让孩子身上的闪光点被挖掘出来。通过这样的活动，孩子变得越来越自信。

◇做一件值得欣赏的事

班里还开展了"做一件我欣赏的事"的活动。活动开始后，老师请孩子们一起讨论可以做哪些事。孩子们七嘴八舌，有的说帮助小朋友，有的说帮助阿姨扫地，有的说给植物浇水，还有的说回家帮助爷爷奶奶做家务……孩子们讲完后，老师请孩子们用绘画的方式画下自己的计划，并按照计划去实施，完成后一起说说感受和想法。

活动中，孩子们用自己的实际行动做一件值得别人欣赏的事。在付诸实践时，他们明白了哪些事情是有意义的，哪些事情是值得别人学习和欣赏的，哪些事情中蕴含了好的行为习惯和宝贵品质。同时，孩子们在实践中也体验到了成就感和快乐。

◇向欣赏的人致谢

孩子们一起聊身边哪些人值得感恩后，给这些人制作了小礼物。大家还举办了赠送仪式。这样的实践活动，让孩子们将感恩和欣赏落到实处，让孩子们用自己的行动去感恩他人，同时，让孩子们对身边陪伴自己成长的人更加尊重，更加充满敬意。

◇欣赏身边的小事

欣赏一定要针对大事吗？我们请孩子从身边的小事入手，去发现美好。

两周的打卡计划结束后，小朋友都分享了自己的实际行动。他们有的坚持每天跳绳打卡，有的坚持每天阅读打卡，有的坚持早睡早起打卡。孩子们也分享了在打卡过程中遇到的难题和困惑，以及与小伙伴一起商议、解决困难的经历。最后，孩子们逐渐明白每一个好习惯的养成都需要持之以恒地付出很多努力，只有这样，才能真正将好习惯变成值得自己和别人欣赏的优点。通过分享会，孩子们从同伴的讲述中学习别人的优点，修正和督促自己的行为，也吸收更多的正能量，不断优化自己的行为，使自己越来越好。

 故事随想 在上述主题故事中，老师作为观察者，在孩子们讨论时，倾听他们的表达，感受他们的想法，并及时介入、提炼、设计更有价值的体验活动。在体验活动中，老师用心发现孩子们的闪光点，及时将他们身上隐藏的闪光点展现出来，进行正面引导和呈现，强化孩子们的优点，这样有助于孩子更好地认识自己和他人。最后的挑战和拓展阶段，老师不是泛泛而谈，而是实实在在鼓励幼儿去实践，去做一件有意义的、值得大家欣赏的事情，同时去表达自己对他人的欣赏。这种实践方式与日常活动有效结合，给予孩子不同的成功体验，让他们产生做成事情后的小小满足感，被老师、同伴赞赏的大大满足感，被他人表达感谢的满足感，和向别人表达感谢的快乐。这些"欣赏"无疑让孩子对自我与他人有了更深的认识。

★ 改变和挑战

我们知道想要有所收获，有时就得改变自己固有的想法、思维，甚至行动，要尝试去做一些不敢做的事情，这是一个成长的过程。他们易于信任有重要关系的人（比如家长、老师、同伴等），愿意接受建议、尝试改变，只要有人支持，他们就会跨出最关键的那一步。当这种态度和精神内化为一种习惯后，便是孩子今后成长过程中实现"更好的自己"的重要力量。在这个过程中，成人的引导与支持就格外重要。

作为孩子们在幼儿园中的重要他人，我们有必要和他们站在一起，观察他们的日常生活，感受他们身边的重要事件，和他们一起经历重要的事情，肯定他们的付出和收获。在这里，我们要跟大家分享几个小故事，是关于我们和孩子通过尝试一起改变了什么，又获得了什么的故事。

1.调整目标，坚持挑战，完成一件自己计划的事

孩子们喜欢设定目标，但对如何实现目标往往欠考虑，目标的设定可能会流于形式，无法操作。因此，在活动的过程中，教师需要帮助孩子们理解目标的概念和意义，也要帮助孩子们逐步梳理不同阶段的目标，让计划更加易于执行。孩子们在不断实现目标的过程中，尝试一些新的挑战，通过坚持完成目标任务获得成就感。

大蛋糕

升班后，大家都换到了新教室，空间变得更大、更通透。面对全新的环境，孩子们都格外兴奋，他们开心地聊着可以在这个大教室里干什么。对呀，教室里干什么何不让孩子们自己来决定呢！于是，Q老师带着大家讨论起来，她说："今年教室变大了，我们的各个区域也变大了，尤其是'创意吧'，你们想在里面做什么？需要什么材料？"孩子们七嘴八舌地讨论着，什么样的想法都有。老师索性给了每个孩子一张纸，让他们坐下来好好想一想、记一记自己在活动区中要做什 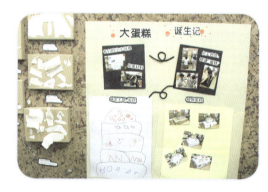 么。大家围坐在一起讨论后，一致觉得最有趣的事情是做一个超级大的"蛋糕"！因为很快就有小朋友要过生日，而且几乎每个月班里都有小朋友过生日，所以做一个大蛋糕的想法得到了大家的一致认可。就这样，孩子们在"创意吧"有了做"蛋糕"的共同目标。

当然，相对于想干什么，怎么干更重要。要做一个超级大的"蛋糕"，首先得有材料。一番讨论后，孩子们决定自己带一些纸箱来。几天后，"创意吧"里堆满了不同形状、材质、大小的纸箱，如何使用这些箱子？大家又展开了讨论。有的人认为先要整理，要不然没有场地让我们做大"蛋糕"；有的人认

不完美小孩

为要把这些箱子分分类，这样找起来就很方便；有的人说，还是要先看看我们需要哪些纸箱，不需要的就可以扔掉……孩子们发现，整理纸箱离他们做大"蛋糕"的目标还很远。渐渐地，有人似乎忘记当初热情洋溢设计的目标了。此时，老师的"放"与"引"就显得格外关键和重要。在老师带着大家一起讨论目标的过程中，孩子们逐渐感受到，目标并不是制定了就可以了，而是需要大家一起为了目标不断努力，坚持去做，直到完成。就这样，孩子们开始反思和改变自己的目标，同时达成共识：完成这个超级大"蛋糕"需要很长时间，因为它很大，我们在很长的时间里，都要一直坚持去做。

他们设计了"蛋糕"的多种造型，并进行尝试。刚开始他们将纸箱进行堆叠，但是叠得很高的纸箱容易倒下来。他们发现底座需要大一些，堆叠的纸箱才能够稳固，越到上面纸箱要越小。这似乎正是大家心目中的"蛋糕"模样。但大家又发现了另外一个问题，即底座的箱子都是空心的，由于承重有限，箱子会慢慢塌陷下去。孩子自然而然想到需要在这些空心的箱子里塞点东西，但塞什么比较合适呢？孩子们想到有一批收集来的箱子质量不怎么好，可以用它们当填充的材料，这样能让收集来的每个纸箱子物尽其用。

通过教师的引导与支持，孩子们继续开展活动。虽然每次进入活动区的人都不一样，但是孩子们还是能够非常默契地配合，乐此不疲地搭建着。搭建完"蛋糕"底座后，孩子们商量将白色的纸片贴到上面当"奶油"。这个看似简单的任务，完成起来并不轻松，孩子们持续贴了好几个星期。在这个过程中，每个孩子都耐心地投入。就这样，一个巨大无比的"蛋糕"用了一个学期才完成。

我们以为"蛋糕"制作完成后，这个任务就可以画上一个圆满的句号了，但临近学期结束的时候，来我们班级参观的老师们看到这个巨大的造型便好奇地问孩子们："你们这做的是什么呀？"这个问题对孩子们无疑是一次"打击"，因为来参观的老师居然看不出这是一个大"蛋糕"。于是，孩子们打算"卷土重来"。第二学期开始后，孩子们聚在一起讨论这件事，分析了原因：有可能是没有在"蛋糕"上插蜡烛；有可能是大家不停地往上装饰东西，太乱了，让别人看不清做的是什么……就这样，在第二个学期里，孩子们几乎拆光了之前的装饰，重新开始设计和创造。这个过程又整整延续了一个学期，但与之前不太一样的是，上学期的坚持挑战是在他人的引导、刺激和推动下进行的，而这学期他们对活动的坚持更多了主动性。对孩子们来说，此时制作"蛋糕"的活动才算正式完美收官。

不完美小孩

故事随想 孩子们在活动中不断发现问题、解决问题，完成目标。在这个过程中，最重要的是孩子们在尝试做一些改变，即改变自己对目标的认识，真正将自己的"想"与"做"结合起来。

当孩子们在活动中出现"只想不做"的情况时，我们同样也需要反思教师采取的教育方式是否出了问题。教师不应只让幼儿谈想法、谈计划，而没有实践。当教师改变教育方式后，孩子们的改变也变得更加有意义。这种改变可能会触发孩子们迎来一些不可预知的挑战，这时候，孩子们的目标与计划才是最真实、最切合他们需要的。

2.改变思维，尝试挑战，持续做一件想做但未曾做过的事

在学习的过程中，保持一贯的思维可能会让人陷入固定思考模式中。依着这种模式，孩子们所获得的发展可能是浅层的。改变思维，意味着大家在一种思考的动态中，接受一些新的建议与想法。这对于推动孩子思考能力的提升至关重要。

我们想要一把伞

在这个故事中，教师通过改变自己的思维来进一步影响和改变孩子们的思维，由此鼓励孩子们去做一件想做但未曾做过的事。

班级中有一个"小餐厅"，孩子们每次进入里面玩，总会产生很多想法。有一个想法被提了很多次，那就是在小餐厅外面放一把大大的伞，这样大家就可以在下面一起喝"下午茶"了。了解孩子们的想法后，L老师的第一个反应便是：要不给孩子们提供一把伞，让孩子在上面画画贴贴装饰一下，满足孩子的需求？但她转念一想，何不让孩子们自己来做一把伞，或许会更有意思。老师思维的改变，让孩子们接下来的活动充满了挑战与亮点。一把太阳伞是孩子们所期待的。老师支持孩子们做一把伞，既满足了孩子们的心愿，又让他们经历了一个未曾尝试的过程。

做一把伞，对孩子们来说，还真是有点无从下手。趁着幼儿园"外出日"活动，大家参观了中国伞博物馆。博物馆里面不仅有各种各样的伞，还展示了传统雨伞的制作过程，这让孩子们大饱眼福。回到幼儿园后，大家讨论梳

不完美小孩

理得出做一把伞需要伞柄、伞架、伞布。之后，孩子们开始收集材料。先要确定伞柄的材料。孩子们发现带来的材料有的太长、有的太粗、有的太细软、有的不够光滑，最后选定了粗细、大小、手感都适宜的PVC管来做伞柄。接下来需要搭伞架。几个孩子发现，之前做伞柄被淘汰的材料中，有几根细细软软的竹条非常适合做伞架。于是孩子们合作完成了伞架的制作。在找材料的时候，孩子们发现用报纸做伞布比较合适，于是用泡沫胶、固体胶将报纸拼贴盖到了伞架上，还在上面画上了自己喜欢的图案进行装饰。伞柄、伞布和伞架都有了，那么怎么组合起来呢？伞架是平的，如何固定在光溜溜的伞柄上呢？用固体胶、透明胶、泡沫胶似乎都不够牢固……正在大家一筹莫展的时候，有人提出："为什么我们不请别人来帮忙呢？""是啊，去找保安叔叔吧，他工具多、力气大，肯定行！"就这样，孩子们把保安叔叔请到了教室中，请他完

成伞架和伞柄的"合体"。是啊，能
够说服别人，请他们帮助完成任务，
这也是一种很棒的能力啊！

可要把伞固定在桌子旁边又成
了一道难题，伞头实在太重了。有
孩子发现"小餐厅"里高高的树枝
能够稳稳地立在那边，原来是将班
里有圆洞的三个小木格叠在一起，
圆孔里面正好可以插东西。于是，孩子们收集圆洞小木格，用同样的方式将
伞插到里面。可是圆孔太大，伞柄太细，伞虽然立住了，却是倾斜的。这个问
题比较容易解决，大家找来报纸将圆孔塞满，这样伞柄就稳稳地立住啦！面
对各种挑战，孩子们通过共同努力逐步解决。这时候他们坐在伞下的快乐感
和成就感远比买一把伞要多得多。

不过，快乐和烦恼总会交织出现。孩子们用报纸做的伞布不太牢，没过
几天就被风吹得翘了起来。有一个地方他们始终不太满意，那就是坐在伞下
的时候，伞面上的画和其他装饰都看不见了。孩子们希望坐在伞下一抬头就
能够看到自己画的图案。如此一来，换伞布就立马被提上了"日程"。孩子们
认为：只要伞布是透明的，就可以让装饰的东西被看得见。孩子们发现幼儿
园没有相关的材料之后，便回家找。没几天，他们就带来各种材料，其中就有
透明的塑料薄膜。大家都觉得这个材料特别合适，便在上面贴上了各种他们
喜欢的图案。就这样，一把令大家都满意的伞总算完成了。

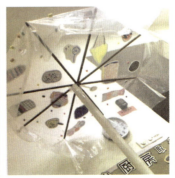

伞的完成并不代表活动的结束，孩子们不断改变自己的思维，不断体验各种活动。冬天的时候，孩子们在伞上挂上自制的红灯笼，贴上了一些年画，营造新年的气氛。到了春天，大家又提出做一些蝴蝶和花朵放在上面。夏天的时候，天气很热，他们做一顶太阳帽子放在伞上为大家遮阴。为了能看到自己做的太阳帽，他们将帽子倒扣在伞里面。这样，一把随着四季变化而变化的伞，伴随孩子们度过了美好的一年。

故事随想 我们常常以为，孩子需要什么就为他们提供什么，但对支持行为背后的意义缺少深入思考，因此，容易将对"支持"的理解停留在表层，甚至产生一些无意义的支持行为。恰当的支持与幼儿在活动中的收获是息息相关的。所以，教师需要改变自己以往的思维方式，去思考和调整支持行为策略，以此影响孩子们改变惯性思维和想法，带动孩子们挑战喜欢却未曾尝试过的事情。

在挑战自己想做但未曾做过的事情时，孩子们收获了经验和成功感。孩子需要被支持，才能够有挑战的机会和动力。因此，教师在日常生活与学习中要给予孩子挑战的机会，改变孩子固有的想法与状态，让孩子们真正从"想"到"做"，形成积极的思维方式。

3.改变行动，正视挑战，修正自身的一些问题

孩子们在学习、生活中总会遇到各种各样的问题，产生问题并不可怕，遇到困难害怕解决也很正常，我们常常鼓励孩子们，改变一点点，或许会有很大的收获。事实上，只要勇于迈出改变的那一步，成功的体验就会悄悄来临。

跳绳没那么难

孩子们对于新鲜事物总是充满好奇。在幼儿园，部分孩子觉得跳绳是一件特别有趣、好玩的事情。大二班的孩子们就完全在自发自主的状态下，形成了小队，将跳绳这件技能性十足的事情变得饶有趣味。大一班孩子在大二班孩子的影响下又会发生什么样的事情呢？在打通式的晨间活动中，我们看到了同伴影响的力量。

受大二班孩子的影响，大一班的孩子也开始兴致勃勃地自备跳绳，在每

天晨间活动的时候，拿出跳绳捣鼓一番。随着时间的推移，孩子们之间默默兴起跳绳比赛。这对孩子们的技能要求较高，难倒了许多孩子，因为大部分孩子都不太会跳绳。除了一部分运动协调性与敏感性较好的孩子以及小部分在家中提前练习过的孩子，其他孩子之前自认为的那些"小技巧"在真正的跳绳比赛面前似乎没有任何用武之地。

就这样，一部分"受挫"的孩子对跳绳失去了兴趣，晨间活动的时候开始选择其他活动。也有部分孩子拿着绳子始终不敢尝试。我们尊重孩子们的兴趣和选择的权利，但我们也希望孩子们能坚持自己感兴趣的事情，不断努力，不因为遇到困难就退却和逃避。

于是，老师在晨间活动时，有意识地鼓励、指导个别孩子尝试跳绳，在回顾谈话时跟班级里的孩子聊起了关于跳绳的事情。团子说："我在家的时候都是练习跳绳的，所以现在很会跳。"悠悠说："我刚开始不会跳，但是试一试就慢慢会了。"楚楚说："我现在能连续跳6下了。"……孩子们之间的交流无疑是最好的"催化剂"，让大家知道很多人做得比大家好，是因为他们愿意尝试，愿意去挑战。也许是因为有了榜样，找到了共鸣，接下来老师再跟大家谈论这件事情的时候，部分比较容易退却的孩子渐渐发生了改变。天天开始给自己设立目标，表示愿意跟着小伙伴学习跳绳，争取能一口气跳上10下；宝宝表示她的目标是学会（协调性较好地）跳绳；童童表示愿意试着跳一跳绳子……从退缩到愿意尝试，从心理上的改变到行动上的改变，孩子们开始正视和挑战自己遇到的困难。从另一个层面来说，孩子们也在慢慢形成努力尝试的意识，这种学习品质的形成无疑会对他们今后的学习产生一定的影响。

日子渐渐过去，大一班的孩子们开始形成了定期讨论总结的习惯，彼此间介绍经验、发现问题、制定下一个阶段的目标。比如元元说："我是因为手甩得太慢，脚太快了，很难连起来跳。"天天说："我甩绳的时候跳得太高了，跳一会儿就很累。"帅帅说："我现在能连续跳100多下，多练习就能够跳得越来越好，我以前只会跳1下。"航航说："我只能连跳10下，我想连跳更多下。"……孩子们从刚开始的好奇到因为困难产生排斥情绪，再到愿意与大家分析自己的问题，并且用实际行动来改变。这个过程正是孩子们不断改变与挑战自己的过程。在老师的支持和推动下，孩子们正在用自己的方式来正视、调整、克服自己遇到的问题。渐渐地，孩子们对"跳绳比赛"不再抵触，他们甚至开始饶有兴趣地结伴比赛，有时比赛完还不忘分享自己的经验，你教我，我鼓励你……在这样一种自发的状态中，技能性十足的跳绳比赛似乎没那么让人讨厌了，因为有时候一点点的突破和成功都会让人感到快乐。

故事随想 很多时候，我们总把跳绳当作一项技能性很强的活动，害怕让孩子去接触这类活动，因为我们不知道如何对活动开展进行把控和引导，不知道如何把握"放手"与"支持"的度。那是因为我们还没真正走进孩子的世界，看懂他们的需求，没有依循孩子们的立场和发展的可能，去分析和思考该给孩子一些怎样的引导和支持。

在上述小故事中，教师支持孩子们的兴趣，也以开放的态度带着孩子们去讨论一些现象，鼓励孩子们不轻易放弃自己的兴趣。在这个过程中，孩子们敞开心扉，坦然接受自己的不足，找寻自己问题的时候，他们对跳绳比赛的态度已经有了转变。改变不只是想法，更是行动。在大班的这段日子里，孩子们从讨论自己跳绳的感受开始，到慢慢地改变自己的抵触心理，再到分析自己的问题，制定目标，不断改变、挑战自己，正视问题并努力解决。在这个过程中，教师需要支持孩子、鼓励孩子，引导孩子将大困难拆解成小问题，一个一个去解决。相信改变与挑战的过程，不仅仅是技能学习，更是一种自我认识的建立。

4.改变态度，感受挑战，发现与他人合作的重要性

在成长过程中，每个人都要不断地改变、尝试……这些积极的体验能够让我们与周围的关系发生一些变化，也让我们感受到一些发自内心的快乐。当孩子尝试改变态度时，他便拥有了自我认识的能力，这种自我认识会让孩子获得更多良好的社会交往体验。

这是一个有秘密的坑

又是一个新学期，幼儿园里的小型玩具因为使用年限到了而跟大家"告别"了，草地上腾出了一个大空位。可以换一个什么样的新玩具呢？与其我们绞尽脑汁帮孩子们选新玩具，还不如让孩子们自己来决定。可孩子们并没有选择玩具，而是想要"改造"这块空地。"造"什么？安安说："造一个博物馆。"小迪提出了反对意见："博物馆要有很多丰富的东西来展览，我们没有这

么多东西可以摆出来给大家看。"小西说:"造一个游乐场。"安安提出反对意见:"我去过的游乐场很大很大,这里这么小,根本不够呀。"胡晨说:"造一个可以健身锻炼的地方。"大家都质疑:"旁边就是我们锻炼的地方呀,幼儿园还有很多地方是可以锻炼的,应该要造一个幼儿园之前没有的。"……大家不断出谋划策,又不断否定,最后商量决定要将它改造成一个池塘。大家还约定,这是一个秘密计划,等池塘造出来以后要给幼儿园里所有的小朋友一个惊喜。

带着这个秘密计划,孩子们开始讨论、设计池塘造型,圈定"施工"范围,正式进入挖土开塘这个阶段。然而,在挖土过程中,随着人数的增多,我们准备的工具不够用了。于是,这样的一些对话和现象就开始不断出现——"晨晨,你能不能让我用一下你的铲子?求你了。""唉,我还没有挖完呢。""你干吗要拿豆豆的铲子,快点还回来。"……争吵随之而来。每个孩子都在关注自己能不能拿到铲子挖土,对他们来说,这是目前最重要,也是最有趣的一件事情,似乎没有工具挖土,就失去了参与这个活动的意义。孩子们还没意识到除了挖土,还有哪些其他事情是同等重要的。事实上,他们在挖土时遇到的一些困难,是需要通过与他人合作才能更好地克服的。就这样,两次活动之后,我们增加了活动后讨论的环节,主要是让孩子们一起梳理活动的基本情况,包括遇到什么问题、用什么样的方法可以解决。在这个过程中,孩子们才慢慢意识到无论是什么活动,分工与合作很重要。同时,孩子们也发现要完成一个共同的目标,需要伙伴们团结在一起。老师在支持孩子开展活动的过程中,一边暗中增补挖土工具,给孩子们充分体验的机会;一边借助工具不够这个问题,引发孩子们思考更多解决问题的方法。

之后的一段时间,杭州的天气一直阴雨绵绵,孩子们盼了很久的太阳迟迟未出。大伙儿终于等不了了,问老师:"我们可不可以雨天去挖土?"老师回答孩子们:"那你们是不是得有一个雨天挖土计划?或许有了计划会让你们进行得更顺利。"于是,每个孩子开始计划起来。大部分孩子考虑到挖土需要有雨伞、雨衣、雨鞋、铲子等。淘淘画出了跟伙伴合作的场景,他说:"雨下得太大的时候,我们还需要撑上雨伞,我帮好朋友撑伞,让他挖土,然后他帮我撑伞,我来挖土。"在淘淘的影响下,很多孩子也纷纷在计划中画上了跟好朋友一起相互帮忙的内容。孩子们的行为不管是出于自发还是模仿，至少他们用行动来表明自己的改变，他们渐渐产生与他人合作的意识。虽然在实际操作的时候，孩子们还是很在意自己有没有拿到合适的工具，但是争吵的情况少了很多。老师还听到这样的声音："豆豆你挖这边，我们挖那边，我们一起来把树根挖出来。""丸丸，你等一会儿，等我这里挖好就跟你换铲子。""点点，我们一起来挖吧，我没有铲子，要不我帮你一起来？"……

在老师的引导下，孩子们想出一些办法解决挖土工具的难题，比如：自己从家里拿了一些挖土工具来。与此同时，老师也准备了一批备用小铲子。但每次都会因为人数过多，导致有几个小朋友缺工具。这个时候，随着挖土经验的积累，孩子们发现除了挖土还有更多可做的事情。比如，挖得越深，挖出来的石头就会越多，这时候需要一个清理石头的人员。再比如，挖出来的土放到哪里去？除了一部分运往幼儿园各个班级的植物角，其他源源不断挖出来的泥土又该堆放到哪里呢？孩子们认为可以围着池塘筑一个堤坝。于是，当挖土工具不够的时候，有人负责运石头，有人主动负责踩堤坝（把小朋友挖上来的泥土踩实）。这时候，孩子们已经慢慢意识到一件事情当中有着不同的任务，它们同等重要。他们也感受到与伙伴一起完成任务、彼此协作能让他们变得更快乐。这从丸丸一句不经意的话中就能够感受到："小米，你看，我们俩今天一起挖了这么大一个坑，我们今天居然没有生气吵架。"丸丸边笑嘻嘻地说着，边整理着自己汗湿的头发（这两个孩子很多时候会因为小事而产生争执。）当改变了自己的态度，就会发现与他人协作是一件轻松而愉快的事情。

孩子们在持续不断的挖坑过程中发现进展比较慢，于是就听到这样的声音："我今天不把这个地方挖完我就不回去。""我们今天把这两个坑挖通吧，你们这边，我们那边。""要请保安叔叔帮忙的请举手……好的，全票通过，我们一起去请保安叔叔来帮忙吧。"随着活动的开展，孩子们越发感受到合作的重要性，所以他们之间开始有了建议，有了意见征求，有了彼此的回应。这种与他人的和谐关系让孩子们收获了成功和快乐。快毕业的时候，这个池塘粗具雏形，只是还无法蓄水养鱼，但孩子们并不觉得遗憾。他们录了一段视频留给弟弟妹妹，希望弟弟妹妹能喜欢这个池塘，也希望弟弟妹妹能够帮他们继续完成"蓄水养鱼养花"的目标。

其实在挖土的过程中，孩子们还发现了地底丰富多彩的秘密世界。他们挖出了一条很长的树根，直到被挖断，也没有看到树根的尽头；他们挖出了蚯蚓、蚂蚁的家；他们挖出了各种各样的石头。用孩子们的话来说就是："我们古董大丰收啦！"所以，当孩子们将池塘逐渐挖出来的时候，另一个愿望也在悄悄实现。大家还记得安安刚开始提出要造一个博物馆吗？现在孩子们挖出了各种各样的石头和残片，他们准备办一个"石头博物馆"，还将几个人的名字结合在一起，将博物馆取名为"胡逗迪奇石博物馆"。就这样，孩子们不仅挖出了池塘，也实现了曾经的想法，举办了一次真正的"小小宝藏展"。

不完美小孩

故事随想 很多事情会在一点点改变、一点点挑战、一点点坚持中变得更有意义。就像这个活动，原本孩子们只是为了挖出池塘送给弟弟妹妹们，给他们一个惊喜，孩子们关注的重心和兴趣都在用工具挖土上。但随着活动的开展，孩子们的想法发生了一些微妙的变化。他们渐渐意识到他人存在的重要性，能够理解他人，并与他人建立起合作互助的关系。这个过程对孩子们来说，就是一种心理上的挑战与调整，这使得孩子们有了接纳他人、听取他人建议的意识。这种意识的出现，让孩子们的活动内容更为丰富，精神层面的收获也更加充盈。

成长初体验

谈到成长就离不开关于"梦想"的话题。有多少人为了追寻自己的梦想而不断努力、披荆斩棘，奔波在实现梦想的路上。

每个人都有自己的梦想，儿时的梦想，年少时的梦想，长大后的梦想……梦想是五颜六色的，是多姿多彩的。孩子们的梦想也是绚丽多彩又奇妙无比的。在幼儿园里，孩子们的梦想可以转换成一件件可操作的事情。"不完美小孩"每天都有无穷的力量让自己不断成长！

1.成长，可能是一种美好的期待

成长的过程中总会有聚散离合、欢喜期盼，或者是满心失落，但是当你用积极的态度应对遇到的这些事情，这大概就是真正意义上的成长。孩子们的世界中，时常有些小遗憾。面对这些遗憾，微笑相迎，转换成期待，这表明孩子们获得了成长。

小也去美国

班里一个叫小也的小朋友去美国上幼儿园了，大家非常想念她。小朋友们常常说："我们想念小也了，能不能给她写一封信？"为缓解孩子们对小伙伴的思念之情，老师和孩子一起认真地讨论信的内容。班里还开设了一个区域，供孩子写写画画，表达自己的情感。由于缺少地址等原因，这封给小也的信一直都寄不出去。看着孩子们失望的神情，老师发动孩子们讨论怎样跟小也取得联系。之后，老师让孩子们在合适的时间给小也语音留言、商量时间跟小也视频等。终于有一天，孩子们收到了小也从美国寄过来的一封信。这是多么令孩子们激动和兴奋的事情呀！

　　小也的离开也让孩子们对美国这个国家产生了浓厚的兴趣。我们常常看到他们在班级里围着地球仪找寻美国的位置，比画地球仪上中国和美国之间的距离，经常不停地转，不停地看，还不停地交流："小也在地球仪的那边，现在我们这里天亮了，小也那边是不是天黑了呀？"孩子们很想告诉小也幼儿园发生了哪些有趣的事情，也很想知道小也生活的美国最近发生了什么事情。带着这些想法，他们对美国的信息和新闻产生了兴趣。在采集信息的过程中，他们了解到了世界上各种有趣的新闻，诸如火山喷发、火箭发射等。就这样，孩子们从关注地球仪到关注世界新闻，从关注世界新闻到关注宇宙中的各种信息，从关注宇宙信息到对火箭、飞船产生兴趣。大家甚至决定在美工区亲手搭建一个火箭。孩子们说等他们造好了火箭就可以"嗖"地飞到小也面前了，原来孩子们的好奇、兴趣以及美好的期待是从一份想念开始的。

不完美小孩

　　对待搭火箭这件事，孩子们可一点都不含糊，他们讨论从哪个部分开始做火箭。

　　开心说："我们可以先做中间。但是我不知道怎么把它连起来。"

　　溏溏说："小朋友使用胶枪太危险了，你们可以想想其他办法。"

　　开心说："我们可以用这个（麻绳）。"

　　开心的主意得到了大家的赞同。于是，大家动手做了起来。他们尝试把一根长长的麻绳从一个洞里穿进，再从另一个洞里穿出……可是尝试了几次，发现直直的纸筒不能随意扭动，所以很难将两个纸筒连接在一起。那怎么办呢？

小熠说："我们可以在纸筒上面钻洞，这样就可以把纸筒连起来了。"

溏溏说："可是，这个纸筒太硬了，我们钻不过去的。"

开心说："让我来试一下吧！"（试了一下怎么也钻不过去。）

溏溏说："我有办法了，看我的。"

溏溏将大钉子扎在纸筒上，用重物敲打钉子。其他小朋友纷纷模仿溏溏的动作。钻好洞后，就到穿麻绳的时间。他们努力把绳子从一个个小洞里穿过去。正在穿第三个纸筒的瓜瓜一不小心把几个纸筒都碰倒了，麻绳很快就从洞里又钻了出来。

瓜瓜喊道："哎呀，怎么又出来了，我穿得很辛苦啊。"

咖咖说："因为纸筒太重了，麻绳又比较轻，所以碰一下，它就会逃出来。我们可以合作，这样就可以保护好纸筒了。"

听了咖咖的建议，瓜瓜马上开始行动。

合作力量大。几天之后，孩子们把需要连接的部分用麻绳穿了起来。完成底座之后，孩子们开始架构火箭了。孩子们边研究图纸边尝试架构。在老师的帮助下，他们首先尝试用胶枪进行黏合，可不一会儿火箭就塌了下来。

淇淇说："可能是胶枪还不够热。"

溏溏说："有可能胶枪的黏性不够，纸筒太重了。"

瓜瓜说："可能刚刚我们动了一下，它就粘不牢了。"

咖咖说："我们应该用比胶枪更有黏性的胶水来粘。"

溏溏说："502胶水，我妈妈就是用502胶水粘鞋子的。"

孩子们期待能用502胶水把火箭搭建起来，可操作后发现502胶水对纸筒完全不起作用。于是，老师带着孩子们一起讨论问题出现的原因，最后大家发现是因为底座不够坚固。在老师的引导下，孩子们重新设计了图纸，尝试进行搭建。没过多久，孩子们的火箭就搭建完成了。他们内心的寄托与期待也实现了！你们看他们一路努力的样子，这不正是一种成长吗？

故事随想 在这次活动过程中，孩子们的关注点在不断变化，但是他们内心的美好期待始终没有变。随着活动的不断延伸和迁移，孩子们有了建造一个"空间站"的梦想，老师观察和聆听了孩子们的心声后，对孩子们提出的合理要求都给予了相应的支持和认可。老师跟孩子们一起收集废旧的瓶罐、帽子、大纸箱等。在接下来的时间里，孩子们遨游在自己的太空梦之中，画出自己对太空的理解，描绘心里的太空梦。这一切都源于孩子们对小伙伴的深切思念。

2.成长，是留下一份特殊的礼物

即将毕业的大班孩子对幼儿园的三年时光有着深厚的情感。离别，有时候预示着成长。孩子们即将迈入人生中的下一个阶段，他们有了自己的主见和想法，并用自己的方式留下一份特别的东西，这也是成长的一种表现。

离别前的礼物

不完美小孩

孩子们在幼儿园的生活就要结束，这里有他们熟悉的老师和小伙伴，有喜爱的小屋、滑梯和玩具，有带给他们无数乐趣的果树、花草和树木……想到马上就要离开这个熟悉的地方，孩子们是多么不舍。大班孩子们最近一直在琢磨着要给幼儿园做些事情。故事从这里开启……

然然用小手在地图上点来点去，终于在地图上找到了丽江，他大叫："老师，丽江在这里！我们坐飞机去的！在杭州的左边！"教室里张贴着两幅世界地图和一幅中国地图，孩子们一有空就跑过去看看。他们发现了地图上的一些符号，也了解了地图的作用。孩子们在日常生活中也能感受到使用地图带来的便利。菲菲去博物馆参观时，发现地图能让她更快地找到各种场馆；妈妈带璟宜到三国城玩，实景地图能帮助她找到想去的地方；君君和爸爸妈妈去了一个古镇，他发现古镇地图上的停车场和厕所等标记最明显，这些标记能很方便地帮他们解决一些问题！孩子们都知道地图是个很有用的东西，它能帮助别人更快地找到某个地方或熟悉某个地方。

临近毕业时，孩子们讨论要给幼儿园里的弟弟妹妹留下一份礼物，于是就有孩子提出："我们自己做一幅幼儿园地图吧！"幼儿园还没有本园地图，孩子们打算画一幅幼儿园地图，作为毕业礼物送给新入园的弟弟妹妹们，让他们一进来就能知道自己的班级在哪里。

◇第一次做地图：出现好多重复建筑

小朋友们一边看第一次设计的地图，一边讨论着。他们发现了一些问题。

"有很多个滑梯和跑道、升旗台，重复了。"

"有的地方贴得跟实际情况不一样。"

"地图上没有标记方向。"

同时，孩子们也讨论出一些解决办法。

第一次设计的地图

"用太阳来标记东边，放在地图上。"

"大家合作，每人画幼儿园的一个地方，这样就不会重复了。而且这样的话，我们画的都是幼儿园里的东西。"

"加上个指南针吧，跟我们平时看到的地图一样。"

◇第二次做地图：太多了，放不下

第二次地图制作完成后，小朋友们看着地图讨论："操场在哪里啊？好像有点小。"瑄瑄说："老师，我画的是小朋友在操场上跳绳，但是那里放不下了，我就放到跑道上了。"璟宜拿着手里的建筑说："老师，我画的是两层的滑梯，放在哪里啊？怎么摆放啊？放这边就挡住了。"锴锴说："我们又忘记标记方向了。"梓衿说："老师你看，滑梯、音体室那里挤不下了。"

第二次制作的地图中，重复的建筑没了，幼儿园显著的建筑物都有了。但是在拼摆粘贴的时候，新的问题又出现了，建筑物大小比例不对，音体室比操场还大。

◇第三次制作地图：分组合作，风格多样

这一次，大家采用小组合作的方式来绘制地图，将整个幼儿园划分成六个部分，分组进行绘制。但结果并不令人满意。第一组的地图像一个迷宫；第二、三组的地图上出现了消防车、救护车，孩子们边画地图边创编了一个故

事……各组孩子绘制的地图风格各不相同。部分小组绘制的地图像童话故事创编，这说明孩子们对地图的真实性特点还不是特别清楚。

◇第四次制作地图：有了新策略

君君说："这次做的幼儿园地图，每个地方的树木跟实际不一样，可以分组去实地记录一共有多少棵树。"

第一组幼儿记录的内容是升旗台到沙池方向有4棵橘子树、3棵桂花树。

第二组幼儿记录的内容是在水槽附近有6棵桂花树、2棵玉兰树、2棵桂花树、2棵枇杷树。

第三组幼儿记录的内容是在大型滑梯附近有6棵大樟树和几棵不知名的树。

通过分组、分区域进行记录，地图上所呈现的内容不仅符合实际，也渐渐清晰起来。

◇地图绘制倒计时：新的突破

为了更好地完成任务，在老师的支持下，孩子们借来幼儿园的平面图做参考。大伙儿将平面图按照小组数量分块。第一组幼儿负责绘制音体室与操场部分。扬扬组长带着自己的组员来到场地。梦涵画轮胎和放置轮胎的器械。程程画心愿亭和旁边九宫格种植区。他画好九宫格后，剪下来，放到

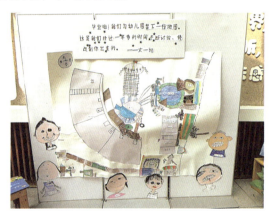

自制地图完成

心愿亭旁边，但是发现九宫格种植区太大了，比心愿亭还大。他比画了一下，又画了一张小点的，剪好放到地图上正合适。第三组在跑道这边绘制地图，跑道这里的东西体积小且分散。墨墨选择画两个木头长凳，她发现这两个凳子是一模一样的，于是，她先画完一个凳子，用手比量着凳子的长度，然后画了第二个凳子。用这种方法画出的两个凳子，看上去差不多一样。分组绘制地图让孩子们明确目标，更顺畅地解决之前留下来的问题。

当全班小朋友完成自制的幼儿园地图时，孩子们的心情非常激动。在这个过程中，孩子们通过探究活动慢慢养成细致观察周围环境的习惯，提升了合作能力。在每一次绘制中，我们都看到了孩子身上展示出来的亮点，如知道解决比例的问题、使用工具测量、解决合作纠纷等。

故事随想 孩子们的成长融于日常生活里，渗透在日常小事中。每一次思考或行动，每一次退却或接受，每一次失败或成功，都是成长的过程。在制作地图的故事里，孩子们从认识地图，到萌发要制作一幅地图的梦想，再到最后成功实现梦想，这都是成长的过程。其间，孩子的成长包括了面对问题一遍遍调整的坚持，不断分析和解决问题，对一件事情热情投入以及收获成功后的满足感和对自己的认可。

3. 成长，是举办一次有意义的纪念活动

那些我们自己办的活动

◇举办一个贸易节

贸易节对孩子们来说既陌生又熟悉。熟悉是因为每年孩子们都能够听到、看到隔壁小学的哥哥姐姐们在热热闹闹地开展贸易节活动；陌生是因为孩子们还从来没有开展过贸易节活动。他们很想要一个属于自己的贸易节！这次，孩子们终于可以实现这个愿望了，孩子们都做了哪些事呢？一起来看看吧！

当决定要举办属于自己的贸易节后，孩子们立刻开始行动。首先，孩子们自由组队，并讨论了各自的分工。接着小组成员们开始讨论贸易节要卖什么。在老师的提醒和帮助下，孩子们设计了调查表，准备到各班进行调查，以此了解小朋友们都喜欢哪些商品。

然后，孩子们提出需要制作宣传海报，因为在哥哥姐姐的贸易节上，每个摆摊售卖的地方都有一张宣传海报用来吸引和招揽顾客。

矜袊说："我们做了海报，名字是我取的，叫'夏日集市'，因为我觉得现在已经是夏天了。'夏'是妈妈做的，英文是爸爸画好剪的，太阳是我做的，

我的弟弟也帮忙了，弟弟画了部分边上的装饰，剩下的我和班里的小朋友一起画了。一张好看的贸易节海报就完成啦！"做海报也需要孩子们合作！好看的海报能够吸引更多的人来买东西。关于物品的价格，孩子们进行了激烈的讨论，最终在爸爸妈妈和小组成员的建议下，定好各个商品的价格。最后，孩子们还进行了模拟，有买卖角色的扮演、实习老板的预卖……

贸易节正式开始前的半小时里，孩子们做着准备工作。他们将要出售的货品清点并记录到一张纸上，将摊位海报张贴完毕。一切准备就绪，小摊开卖了！让我们一起听听贸易节上发生的趣事。

小鱼儿的买卖经："参加贸易节特别开心，我买到了自己想要的东西。不过，我花钱的时候遇到点困难。我带了几块钱去买东西，后来我的钱不够了。我自己卖东西的时候，通过拍手掌吸引小朋友来我的摊位，然后给小朋友介绍我的玩具，所以基本都卖完了。不过，如果下次再有贸易节，我不会准备抽奖的项目了，因为小朋友们说怕抽到不喜欢的东西。我赚了很多钱，赚来的钱都放进了捐赠箱，我要把这些钱捐给山区的小朋友，给他们买吃的、买书。"

现场的推销小达人推销起商品来很有策略。

女生顾客说："豆豆老板，这个小铁盒多少钱一个？"

豆豆老板说："一块钱一个。"

女生顾客说："可是我只有一张五块。"

豆豆老板说："那你可以买五个。"

女生顾客想想也对，默默地买走了五个。

不完美小孩

贸易节结束后，孩子们还意犹未尽。虽然他们马上要毕业了，没有机会参加下一次贸易节，但是他们想给弟弟妹妹们留下一个贸易节经验小贴士，包括针对物品准备、海报制作、摆摊位等问题的改进建议。

◇不可少的毕业典礼

毕业典礼是大班时期最重要的活动。在活动中，每个即将毕业的大班孩子都会在舞台上向老师、家长和小伙伴们展现自己。既然是孩子们的汇报活动，老师决定把活动节目的决定权交给孩子们。于是，设计一份属于自己的毕业节目单，成了这学期大二班孩子们最忙碌的一件事了。

一开始，孩子们讨论节目单上该有的内容，认为时间、表演内容不能少。对于排演哪些节目，孩子们各有想法，有的认为应该有唱歌，有的认为跳舞和唱歌都应该有，有的觉得可以表演讲故事……孩子们还不忘询问老师的建议。老师建议孩子们考虑到让所有人都有登台表演的机会，分男女安排节目，还要考虑节目的顺序安排。如果一个人连续演两个节目，演员就没有下台换演出服的时间啦！在一稿又一稿的节目设计单的修改中，孩子们一次又一次解决

各种问题。孩子们没有想到看似简单的节目单原来有这么多的学问，节目单内容既要考虑节目内容的丰富性，又要考虑演员安排的合理性，还要考虑时间安排。

有了毕业节目单后，服装区域里的孩子们提出给表演的小朋友设计表演服，这个想法得到了老师的认同和支持。于是，几个"服装设计师"自告奋勇地承担了这个任务。他们先在纸上画设计稿，然后按设计稿裁剪布料。他们在尝试的过程中发现画设计稿并不难，难的是把设计稿上的图案弄到布上

去。他们还发现，布上看着是一件衣服的形状，可是剪下来却不能穿，因为只有前面一片！在尝试—失败—找问题—想办法—再尝试中，孩子们了解了平面和立体的区别。

为了解决问题，几个"服装设计师"轮流做模特，直接把一块布围在"模特"身上，然后量身裁剪。不过，布很滑，常常拿了这边掉了那边。孩子们又向老师要来一张可以围得住小朋友身体的大纸，他们可以直接拿笔在上面画线条，纸比布明显"听话"多了……最后，在大家的努力下，服装区终于出现了一件孩子们自己设计的毕业表演服，虽然它还有很多不完美的地方，但是它代表孩子们向成功迈出的一大步。

第二次设计的服装

第一次设计的服装

和上一次相比，裙子漂亮了很多，装饰的东西比上一次精致了。

还要改进的地方：裙子太长，如果装了裙撑，穿起来会比较方便，我发现裙子没有袖口。

裙子太长，容易绊倒。

乱了，不够精致。

穿起来好像比较麻烦。

服装数量太多了，我们来不及做怎么办呢？去买吧！

故事随想　放手让孩子做自己想做的事情，是推动孩子成长的方式之一。有时候，我们往往习惯性地认为活动的组织者应该是成人，而孩子是接受指挥的执行者。就像毕业典礼，可能在之前，我们根本就无法想象把这样一个"重大的事件"交给孩子办会是怎样的一番场景。对于儿童来说，什么才是真正意义上的成长？亲身经历、体验、感知、吸纳、收获的过程才是一种成长。

在上述两个故事当中，孩子们不断经历、挑战、收获。这个过程其实是较为漫长、复杂的，充满孩子们从稚嫩到成熟的转变。这些转变，不就是孩子们的成长吗？在孩子自己操办的这些有意义的纪念活动中，办事的过程让孩子得到体验与成长，活动的最终意义让孩子在思想上构起重要的认知和成长。

4. 成长，到底是什么

关于成长的那些事儿

大班孩子即将毕业，小班、中班的孩子也要升班，幼儿园又将迎来新的孩子。孩子们每天都在长大。成长到底是什么？孩子们有自己的理解。

成长是什么？

"长大了，可以和大人一样，结婚，生宝宝。"

"学会了很多本领，拍皮球、跳绳……"

"长高了，不像以前小小的，变得更有力气了！"

"是我的脸没有以前那么肉嘟嘟的了。"

"吃饭吃得越来越多就是成长！"

"以前做事情没有耐心，现在有耐心了。"

"小树的芽芽慢慢变成了树叶。"

孩子们对成长的理解多么有趣呀！世间万物的成长在他们心中悄悄留了下来。孩子看到的成长是光秃秃的树枝长出嫩芽，再长出很多叶子开始结果；植物区里的小蝌蚪长出了腿，变成了青蛙。孩子们还发现树莓的成长离不开阳光、泥土和水，蝌蚪的成长离不开水、食物和合适的环境。

孩子们的成长需要什么呢？

莫卡说："成长需要吃饭、睡觉。"

悠悠说：“成长需要伙伴。”

小萍说：“成长需要爸妈的关爱。”

梦涵和小晋说：“成长需要学习。”

孩子们关于“什么是成长”的交流讨论又引发了一个新的话题：成长会有变化，但变化一定就是成长吗？

正方说：“成长是我们长大、长高了，学到更多的本领。我们的学习能力变强，学习习惯变好，都说明我们成长了。”

反方说：“我觉得变化不一定是成长！小班的时候我的头发是很长的，到了大班我把头发剪得比以前短很多呢！”

正方说：“我学习变得很认真，老师说我长大了、进步了，成长和变化是一样的！”

反方说：“成长和变化不一样，我小班的时候喜欢在娃娃家玩，到了大班喜欢在建构区玩，这个也不一定就是成长啊！”

变化不一定是成长，但成长一定会有变化。孩子们所有的发现和探索，都是成

不完美小孩

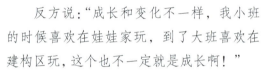

长！伴随成长，孩子们想做的事情在不断实现。长大的孩子们不仅能自己做更多事情，还能帮助大人们做点事儿，比如：独立买菜、制订超市采购计划、绘制"小鬼名片"等。每个孩子都有属于自己的特别的成长经历。

小班、中班的孩子们即将升班啦！孩子们对新生活充满了好奇和期待。他们发现可以和小木屋做邻居，离操场和枇杷树更近了……

大班的孩子们在成长礼上，激扬地诵读自己的心声，庄重地佩戴成长勋章，切下充满仪式感的毕业蛋糕，向所有人宣告："我们长大啦！""成长"赋予他们智慧和勇气。分别前的相聚计划，让他们对未来有更欣喜的期待。我有我的成长心愿，我有我的成长计划，一起来聊聊，并为它努力！滑梯、大滚筒、树荫下……每一个角落，都留有成长的回忆！其实，成长的路上并非一帆风顺，但最终会满载欢喜！相信每个孩子在成长的路上都能遇见更好的自己！

故事随想 成长是一个动态的词，带有具体可见的一些变化。成长，也是充满哲学意味的词。孩子对成长有自己独到的见解。成长有很多表现方式，多数是充满意义的变化、让人难忘的体验、新的认识和改变。孩子们在体验活动、实现梦想的过程中，不断认识自己、接纳自己，获得提升。我们是不完美的，但是我们是独一无二的自己，每天都在努力成为更好的自己，这就是不完美小孩，努力成长的小孩！

不完美小孩

第四章 课程中的感想与表达

在课程建设和孩子成长的过程中，老师、家长都充满感慨。这些独一无二的精彩故事，这些弥足珍贵的成长经历，将成为我们记忆中最美好的瞬间，感谢经历这一切的每一位！

一起来听，新教师在进入幼儿园，接触到全新的课程时，她理解、融入的过程，以及带动孩子们进入课程的过程、收获和感受。

遇见我亲爱的"小老师"们

随着毕业季的落幕，我班上的孩子们要进入小学迎接新的生活了。我来到政苑幼儿园已经整整三年了。刚进园时，在师傅的引领下，我知道幼儿园的教育理念是要关注每一个孩子，寻找孩子的特别之处，让每个人展现自己的优势。后来，我在工作中慢慢了解到"不完美小孩"园本课程的核心理念是善于发现孩子的优点，让孩子更了解自己，而老师要直面孩子的兴趣点和已有经验，给予孩子们充分的支持，满足孩子的真正需要。

在这三年的时光中，我和孩子们一起经历了许许多多的事情，留下了美好的回忆。这三年，我们干了一件轰轰烈烈的大事——研究恐龙。从进入小班到大班毕业，孩子们一直痴迷于恐龙。在我只知道几个恐龙的名称而对不上它们的外形时，小班的他们已经讲得头头是道了。孩子们经常向我科普恐龙知识。"霸王龙是牙齿很尖、爪子也很尖的恐龙，它是最凶猛的。三角龙有三个角，头上有盾牌的。"兴趣真的是很好的老师，它能推动着孩子去分享、去探究。作为老师，我觉得发现孩子的需求非常重要，只有读懂孩子的需求才能更好地支持他们。

小班的时候，孩子们要在教室里为恐龙安个家。他们共同绘画了《恐龙森林》，还制作了立体恐龙，设计了树，创建了森林……这一系列的事都是从"我们喜欢恐龙"这个话题产生的。这些恐龙陪伴了我们三年。在这之中，我看到了孩子们的无限可能。他们仅仅用几个纸箱就拼搭出了梁龙、三角龙、霸王龙等种类不同的恐龙。为了突出恐龙的特征，他们组成小组，通过设计、商量、分工、合作等方法来优化恐龙的细节。我看到他们的合作能力、交往能力、沟通能力等在不断提升。观察孩子的进步真的比教科书上的理论要有趣多了！在他们探索恐龙的过程中，我一直被他们认为是每个小组的"编外人员"。"帮我们钻个洞，我们要插尾巴。""帮我们割一下脚，这纸筒实在是太硬了。"每个孩子都格外有主见，大部分时间里他们只需要我当个学习者，不过我也乐在其中。经过"小老师"们的教导，我也懂得了植食恐龙和肉食恐龙的区别，知道了几种常见恐龙的名称和特征，能叫出它们的名字了。我觉得在孩子很有主见的时候不妨去仔细听听他们的想法，这也不失为走近孩子、理解孩子的一个办法。园本课程强调"善于发现孩子的优点"。我觉得孩子们在"恐龙"主题的各个活动中，都是闪闪发光的存在，他们浑身都是优点。虽然，他们之间会有争执，需要老师为他们主持"公道"，但最后当孩子们为发现新方法鼓掌叫好时，为作品欢呼雀跃时，这些争执都是他们成长路上宝贵的财富。

临近毕业，孩子们选出了毕业前最想做的事，其中一件就是大家一起画一幅恐龙世界。根据他们近三年探索恐龙的经验，我们定了三个大的方向，即天空中的恐龙、陆地上的恐龙、海底下的恐龙，其余全凭孩子自由发挥。为了追求精准，他们翻阅绘本寻找自己想要画的恐龙类型。他们对我说："我们这样对照着画能让人家更加清楚我们画的是什么恐龙。"精益求精的态度值得我学习。我从孩子身上看到他们对自己喜欢的事的坚持和热爱。孩子们说："我们很热爱恐龙，而且从恐龙身上我们能学到很多本领，我们也想像恐龙一样厉害。"听到这个表达，我有些惊喜，我发现经过一系列关于恐龙的探索研究，孩子们确实学到了很多优秀的品质，如勇敢、坚韧、互相帮助等。最后，这幅作品留给了幼儿园的弟弟妹妹们，孩子们还千叮咛万嘱咐地说："我们把自己学过的恐龙知识留给你们做个纪念。一定要好好珍惜我们的《恐龙世界》。我们真的真的很喜欢它，也希望弟弟妹妹们能变得像恐龙一样厉害。"一幅作品寄托了孩子们浓浓的情感和祝福。

我们和孩子一起做了很多很多的事情，除了让整个幼儿园都知道大三班有很多很多恐龙的"惊天动地"的故事，还有"一场有意义的约会""桂花的故事""一场热热闹闹的贸易节"……孩子们在活动中展现出他们的闪光点：有的孩子观察细致，有的孩子条理清晰，有的孩子乐于助人……这些活动让他们更加了解自己，认识到自己的长处。

回顾和孩子们在一起的点点滴滴，我惊叹于他们的想象力和创造力。发现孩子的闪光点，守护他们美好的纯真，正是我们作为教师所要努力的。再见了，卓越的孩子们，我会一直记着这些有趣的事，同时也期待着你们和新伙伴发生的新鲜又好玩的故事。

不完美小孩

大三班孩子留给弟弟妹妹的《恐龙世界》

教师　白霜

骨干教师见证了我们的园本课程建立、生长、完善的过程。在这个过程中，他们推动课程的行进，课程也推动着他们的思想前行。来听骨干教师在课程中的点滴感受吧！

▲ 遇见更好的自己

园本课程是基于幼儿园自身环境特点和孩子们的个性特质等逐渐形成的。当"不完美小孩"这一园本课程提出时，我们很是兴奋，因为这就是我们一直想要表达的教育理念，即每个孩子是不一样的，我们要支持他们获得个性化的成长。同时，我又思考，作为教师的我又该如何从内心出发，真正做到接纳和支持每一个"不完美小孩"呢？带着这样的思考，我开始在园本课程的实施中寻找答案！

在理论和实践的双重探索下，我明白了"不完美小孩"的核心思想是要尊重每一个孩子，因为他们都是独一无二的，要支持孩子认识自己，做更好的自己。更好的自己不是与其他孩子进行比较，而是和以前的自己比，今天的"我"比以前的"我"有进步，将来的"我"比今天的"我"更好。作为教师，我们绝不能用"完美"的标准去衡量每个孩子，而是要帮助每个"不完美小孩"变得更加优秀。

我也更清晰地认识到，教师需要展现出强大的内心，在打破原有自我认识的同时，还需厘清课程和自我的关系。这对我来说无疑是一大挑战，但我愿意接受挑战，因为我想真正做到立足儿童、发现儿童、尊重儿童。

于是，我开始重新学习，调整自己，改变、优化教育方式。今天，当我回顾这些年自己的教育理念和教育行为时，我欣喜地发现自己正跟随着"不完美小孩"园本课程的推进而成长！

1.立足儿童，处处体现对儿童的用心

每当与孩子聊天、游戏的时候，我总会陶醉其中。那轻松而愉快的氛围让我觉

得自己很幸运，因为我不仅生活在自己的世界里，还被允许生活在孩子们的世界里，这是一件多么愉快的事情！孩子们给予我的信任让我明白，我要像孩子们无条件接纳我一样去接纳他们，我要尊重他们、保护他们以及崇拜他们。

在与孩子互动的过程中，我不愿放过任何细小的事情，因为教师的举动是对孩子需求的尊重与情感的满足，就如日本教授津首真所说："我们需小心翼翼地把握孩子心灵的细线，这些细线总有一天会编织出世界的未来。"

比如"抢椅子"是幼儿园里常见的游戏，在这个游戏中，我增加了一个新规则。丁丁在游戏中总会因为抢不到椅子而出局。每次，我都能看到他因为出局而产生失落感。于是，我告诉孩子们："如果你出局，那你可以选择拿走其中一把椅子，然后开始下一轮游戏。"这样，让游戏失败的孩子心里得到一点儿平衡。

2.实现自我，像孩子那样在成长中遇见更好的自己

在一次园本教研快结束的时候，园长说了这样一句话："你希望自己的孩子遇到一位怎样的老师，你就可以朝这个方向去努力，相信你们会遇上更好的自己！"这句话让我陷入思考，我希望我的女儿上幼儿园时遇见一位怎样的老师呢？我想，我希望她遇到的是和孩子那样"心灵开放"的老师。

我开始反思自己，工作积极吗？待人真诚吗？有创造研究精神吗？我有，但我还需变得更好！我看到了自己的进步空间：我要能和自己和平相处，抛弃过多的焦灼，放下过多的担忧，心态平和，不急着分析事情带给自己的影响，做好自己该做的事情，不对抗也不闪躲，我需要积攒的是内心的力量。

在不完美小孩课程的影响下，我和孩子们一样，发现自我、悦纳自我、完善自我，也真正明白了"只有教师心灵开放了，才能真正接纳孩子，才能和孩子在一个频道上对话"的道理！

3.悦纳他人，发现并欣赏身边的每一个重要他人

我目前在教科研管理的岗位上，由于压力和对自己工作能力的不自信，我开始质疑自己的工作，状态变得有些糟糕。园长找我谈话，委婉地指出了我的问题，她问我："带班时，当你遇到孩子出现的各类问题时，你是怎么做的？"我快速地回答："慢下来等孩子，我会接纳他们，引导他们，并且全身心地支持他们。"园长又

问:"如果将对象换成你自己和那些需要你引领的老师们呢?"听完这句话,我明白我要做的是完成对自我的认同,要像倾听、欣赏、观察孩子那般去对待身边的每一个人。

当我换一个角度去思考,换一种心态去面对时,我发现身边每个人的心态都积极向上,如果能敏锐地理解他人的表达并予以接纳,大家都会朝着积极的方向发展。

教师 孙宁

课程实施过程中,我们重视家庭环境资源,利用家园资源共同推动孩子们成长。这几年中,我们也感受到家长对我们的课程有了更多的了解和支持。一起来听听家长眼中的"不完美小孩"!

 ## 与 "不完美" 一起成长

幼儿园是孩子系统接受教育的第一个场所,是他们迈入集体生活的第一步,每位家长都希望自己的孩子在二年幼儿园的学习、生活中得到健康快乐的成长。

我儿子九九出生那天,当护士从产房里把九九抱出来,这小家伙用很神气又很警惕的小眼神打量着这个陌生的世界,我觉得这是一个十分好奇的小男孩。于是我赶紧自我介绍,我是爸爸。当天晚上,九九睡在小床上,我母亲轻声对我说:"九九第一天晚上很听话。"然而话音未落,小家伙就哇哇大哭起来。基于上述两件事,我对九九的最初印象是:小家伙是个非常好奇、调皮的小男孩。对于九九未来的成长与发展,我们全家都抱有非常大的期望。

九九一天天长大,转眼间就从怀抱中的小婴儿长成了骑在我身上的小男孩。幼儿园的三年时光转瞬即逝,九九也从刚入幼儿园的软萌可爱的小男孩成长为天真烂漫,对这个世界充满好奇的小男子汉。

在政苑幼儿园的教学理念中，每一个孩子都是特别的，都是不完美的，但是我们可以引导孩子做更好的自己。在幼儿园的集体生活以及每天一小时家长游戏陪伴活动中，九九的爱心、耐心和细心得到了培养。九九正好有个还未上托班的妹妹，正处于哥哥拿什么她也要什么的年纪，看到哥哥的玩具，妹妹总是要上去尝试，往往是九九搭了一组积木，妹妹随手一推，搭好的积木就塌了，这时常会引发兄妹之间的矛盾与争吵，最后往往是我和妻子抱开两人，分别单独安抚。自从幼儿园里开展了交往中更友好、会表达的活动，九九学会区分老人、小孩、成年人，也知道在和不同类型的人相处中应该注意哪些问题。我们在家中也有意识地告诉九九，妹妹还小，不太懂事，哥哥和妹妹应该友好相处。现在遇到类似情况，九九更加懂得如何与妹妹这样的小朋友相处，他不再一味和妹妹争抢玩具，他总是会耐心引导，教妹妹怎么玩，如果妹妹没有办法领会，他也会讲究策略，比如跑到其他房间或者拿其他玩具把妹妹的注意力吸引开，从而化矛盾为无形。

家里还先后养过5条鱼，为了防止多人投喂，九九还专门制作了一张小鱼喂食表，做定期投喂的记录。我问过九九："家里养猫如何？"九九一本正经地回答"不行"，原因是养的猫会把小鱼吃了。有一次，家里来了一只小刺猬，九九和奶奶一起照顾它，给它喂奶。九九怕刺猬孤单，还特地把自己的玩偶刺猬拿出来陪伴它。当他了解到小刺猬也需要妈妈时，虽然心有不舍，但还是同意把刺猬放回大自然。

在幼儿园组织的垃圾分类活动中，九九不仅能主动学习相关知识，而且主动要求我们带他去低碳博物馆参观。在博物馆里，他最感兴趣的就是垃圾分类的机器人。回到家中，他总是给我们出试题。"西瓜皮属于什么垃圾？大骨头又是属于什么垃圾？"当我们回答不出时，九九总会以老师的口吻帮我们纠正错误，现在我们分不清垃圾归类都会问九九。在去年12月上旬，杭州电视台来我们小区进行垃圾分类的宣传活动，九九主动上去问节目主持人，纸属于什么垃圾，用过的打印纸又属于什么垃圾。我想来想去，家里没人教过他，应该是九九主动思考出来的问题。虽然他问的问题很简单，但他能不畏惧陌生环境，主动上台拿话筒当着在场几十位观众提问已经难能可贵。这种行为除了和九九自身的性格有关，也和幼儿园良好的教育氛围，提倡"不完美小孩"的培养理念，尊重鼓励孩子有关。

过年期间，由于新冠肺炎疫情的原因，九九宅在家里，不能出去，但他的小脑袋瓜中对此已有概念，外面有病毒，不能出门去，得待在家里。他不仅自己不出门，

不完美小孩

还主动告诉家人不要出门。为此，爷爷改变了外出散步的习惯，改在楼顶种菜；奶奶改变了逛菜场的习惯，开始学习在网上买菜；我和妻子则抛开了工作，开始花更多的时间来陪伴孩子们。九九还学会了一些家乡话，他站在门口，对着楼道，用家乡话宣传："重要的事情说三遍，不要出门，不要出门，不要出门。"虽然乡音不太标准，且在楼道里大呼小叫有扰民之嫌，但总体出发点还是好的。

现在，九九仍然是一个毛病很多的不完美小孩，他有时打羽毛球会耍赖，飞行棋下输了会闹脾气，到晚上也不肯按时睡觉，但快乐的九九一直在天真烂漫地成长。进入小学后，九九可能还会有新的不完美的问题产生，我们作为家长要正视孩子成长过程中每一次不完美，去努力完善每一次的不完美。也许，这就是不完美的家长和不完美的孩子一起成长的过程。

九九爸爸

 ## 课程下，儿童眼中的世界和故事

作品一：《我们的贸易节》（组图）

作品背景：2020届大班小朋友因为新冠肺炎疫情的原因延期开学，却如期毕业。在大班第二学期仅有的33天里，他们想做的事情有很多。办一次贸易节，是大三班孩子们想做的事。老师带着孩子们一起为开展贸易节做计划，他们支持孩子自己动手做海报宣传，给孩子们足够的空间创设"摊位"进行活动……孩子们满足于这样的过程，并且将自己的经历通过绘画的方式记录下来。整幅作品为长达4米的长卷画，以下这组图为幼儿的绘画作品中几个典型的场景。

"贸易节"组图-1

"贸易节"组图-2

"贸易节"组图-3

"贸易节"组图-4

作品二:《来自宇宙的消息》

作品背景:这是一幅根据孩子们活动的不断开展,逐步丰富的长期性作品。它由一件小小的事件衍生而来。班里的小也去了美国,孩子们很想念她,并通过各种方式与小也保持联系。在等待小也的回信时,他们也在了解美国发生的各种事件,于是对于世界各地的信息产生了兴趣,为此他们在班级里设立了新闻信息收集站。信息站的信息不断丰富,不仅有来自全国、全世界的信息,还有关于宇宙的消息。孩子们在接收信息的过程中,一边幻想宇宙中的外星生物,一边产生自己的梦想,于是就有了这样的一幅作品。

作品三:《我有我的小世界》

作品背景:小班的孩子刚进入幼儿园时,在交往上会呈现出不会交往、害怕交往、不愿交往的现象。老师通过一些绘画表达活动,让孩子们感受自己的独特之处,帮助孩子们建立伙伴关系,助推孩子之间的交往。以下就是孩子们的自画像。老师通过与幼儿互动,将几个小朋友形成一组放在一个小星球上,促进孩子们之间形成伙伴关系。

作品四：《我们的运动会》

作品背景：孩子们在幼儿园三年经历过三次运动会。对他们而言，印象最深刻的应该是最后一次。因为最后一次运动会是孩子们自己设计、策划并准备的运动会。这些筹划包括入场展示、班牌设计、团队造型、运动游戏项目等内容。下图为孩子们用绘画的形式将难忘的运动会记录下来。

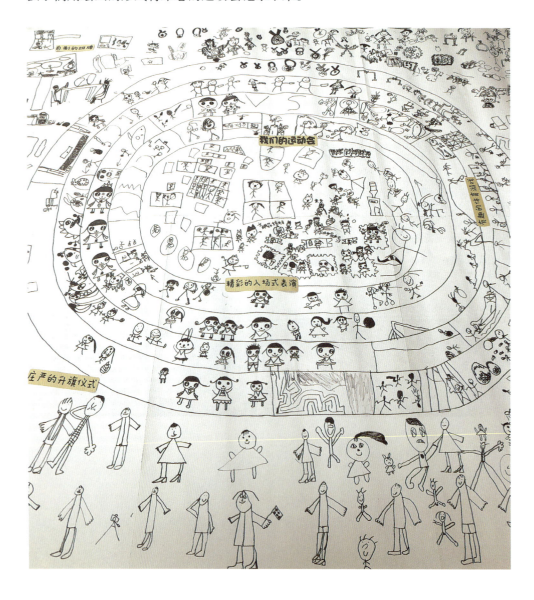

作品五：《想要去郊游》

作品背景：大一班孩子在毕业前最想做的事情之一就是去郊游野餐。但由于种种原因，孩子们不能外出郊游，他们想着画一画郊游野餐也很不错，因为在画里，大家可以想要什么就画什么！

后 记

当知道要撰写这本书时，我们的内心是激动又充满担忧的。激动的是，我们可以把自己在课程实施中经历的那么多有趣的故事讲给大家听，把一些有用的经验分享给大家看；担忧的是，我们所做过的那么多的事情，犹如晨间细细密密的露珠，怎么样将它们编织在一张网上，让读者看得更为清晰。正当我们担忧时，西湖区学前教育指导中心给我们这本书的大纲做了审议并给予了肯定，我们吃了一颗定心丸，这为我们接下来梳理这本书带来了很大的鼓励和推动。

这本书呈现了这些年来我们在园本课程实施中的一些情况，包括整个课程的实施架构和具体操作方式，也包括我们在课程实施中不断探究所得的一些经验，更包含课程实施中一个个鲜活生动的实例。我们的园本课程能够有这样的收获，少不了西湖区学前教育领导团队以及各研究人员、专家的支持。在这里，我们特别感谢西湖区教育局傅蓉萍科长、西湖区学前教育指导中心特级教师沈颖洁这几年来为了西湖区各幼儿园的园本课程建设所付出的精力和心血。作为第一批课程孵化园，在区指导中心的助力下，我们有了更多省市、区级的平台去展示自己园本课程的实施情况，同时也获得了不断优化课程的机会。我们还要感谢浙江大学的刘力教授，他让我们在课程实施的过程中有了更为适宜的关键要素；感谢浙江省特级教师王芳，她让我们在课程实施中有了灵魂，"融合、弥漫、长程"影响着教师开展课程的种种行动；感谢杭州市教研员汪劲秋老师，她所诠释的课程理念，即不完美小孩其实是不一样的完美小孩，让我们这张布满露珠的网更加有分量；感谢浙江师范大学的李克建博士，他提出的评价理论让我们对课程评价有了更为清晰的认知和操作。

课程引领与课程的实施其实是同步并进的，"引领"让我们拥有更为清晰准确的方向，"实施"是最基层、最关键的所在。在这几年中，园内课程领导小组的带动和一线教师们的努力实践让人感动。想起在课程实施初期，为了更好地将课程融入一日活动中，对幼儿做长久、持续、有意义的真支持，教科室每次都会进入班级进行观察，然后与教师现场进行一对一的交流分析。而教师们总在一次次的交流中不断思考、调整自己的行动，去做一些新的尝试与探究。在这样的氛围中，各班产生了一个个有趣的课程故事。还记得，那时候有其他园的老师们好奇地问："你们是如何做到每个班级都有自己的特色，并且生发出这么多有深度的课程故事的？"那是由课程领导小组与班级的每一位老师共同一步一个脚印，真真实实探究实操出来的。所以，在这里，我们也要感谢幼儿园的每一位参与课程实施的老师，因为大家努力、认真、务实、不畏难，让我们的园本课程入选并获得了浙江省和杭州市"精品课程"的荣誉。

最后，还要感谢我们幼儿园可爱的孩子和家长们。课程实施以来的每一届毕业生，都给了我们满满的感动。孩子们让我们看到他们拥有了自己的小梦想，并且为了梦想不断努力坚持的样子；让我们感受到无论面对什么样的困难和问题，他们都不放弃，并且拥有不断挑战自我的魄力；让我们感受到他们内心温暖，待人友好，懂得反思，善于合作……孩子们有了这样的改变与表现，让我们觉得课程实施是充

满价值的，孩子们给了我们继续努力做好课程的力量。当然，我们的家长朋友也同样重要！园本课程中设定的三大环境，其中之一就是"家庭环境"。我们会通过一些互动活动让家长们浸润到我们的课程当中，成为课程实施重要的一分子。他们给了我们很多支持！我们想，正因为有了家长们的竭力配合与同步推进，才让孩子们在成长的过程中有了更多的改变。

本书是西湖区学前教育推动课程改革与建设的研究成果之一。本书第一章执笔为葛素文；第二章执笔为金珍珍；第三章执笔为孙宁、翁青青、金珍珍、方水燕、孙小花、陈熹；书稿整理，葛素文、金珍珍、姚芳美。

2020学年第一学期参与课程建设的在职教师有：韦春娟、何凡、马欣羽、白霜、郭伟伟、兰隽、何怡晨、盛楠、陈艳、俞可怡、杨秀娟、祝少燕、陈燕燕、张丽丽、钱雨夕、徐凯丽、赵令玲、张译尹、胡蝶、谷盼盼、李黎、汪琳婷、章丹丹、张洁、黄雅峰、徐宁、闫慧、高丽萍、王菲、马骊、钱丹丹、金洁、林芝、刁佳佳等。

鉴于诸类原因，本书定有不当之处，恳请大家指正！

葛素文

2021年6月

不完美小孩

图书在版编目（CIP）数据

不完美小孩：幼儿园儿童自我成长课程 / 葛素文编
著. -- 杭州：浙江教育出版社，2021.11
（幼儿园园本课程孵化丛书）
ISBN 978-7-5722-1353-3

Ⅰ. ①不… Ⅱ. ①葛… Ⅲ. ①幼儿园－课程－教学研
究 Ⅳ. ①G612

中国版本图书馆CIP数据核字(2021)第216512号

幼儿园园本课程孵化丛书

不完美小孩——幼儿园儿童自我成长课程

BU WANMEI XIAOHAI——YOUERYUAN ERTONG ZIWO CHENGZHANG KECHENG

葛素文　编著

责任编辑：王　华　　　　　　　　责任校对：余晓克
美术编辑：韩　波　　　　　　　　责任印务：曹雨辰
封面设计：张曲如

出版发行：浙江教育出版社
　　　　　（杭州市天目山路 40 号　电话：0571-85170300-80928）
图文制作：杭州万方图书有限公司
印　　刷：杭州富春印务有限公司

开　　本：889mm×1194mm　1/16　　　印　　张：9.75　字　　数：197 000
版　　次：2021 年 11 月第 1 版　　　　印　　次：2021 年 11 月第 1 次印刷
标准书号：ISBN 978-7-5722-1353-3
定　　价：48.00 元

如发现印装质量问题，影响阅读，请与本社市场营销部联系调换，
电话：0571-88909719。